MERIAN *live!*

W0053357

Bern

Axel Nowak arbeitet als freier Journalist für regionale und überregionale Zeitungen und Magazine. Familiäre Bindungen in Basel und Bern führen ihn regelmäßig in die Schweiz.

 Familientipps

 Diese Unterkünfte haben behindertengerechte Zimmer

 In diesen Unterkünften sind Hunde erlaubt

Preise für ein Doppelzimmer ohne Frühstück:

€€€€ ab 230 SFr   €€ ab 140 SFr
€€€ ab 170 SFr   € bis 140 SFr

Preise für ein dreigängiges Menü ohne Getränke:

€€€€ ab 70 SFr   €€ ab 45 SFr
€€€ ab 55 SFr   € bis 45 SFr

Inhalt

◀ Das imposante Wasserspiel am Bundesplatz
(▶ S. 72) wechselt ständig die Choreografie.

Unterwegs in Bern 58

Spaziergänge und Ausflüge 86

Wissenswertes über Bern 98

✳ Karten und Pläne

Willkommen in Bern
Eine grandiose Bergkulisse, eine mittelalterliche Altstadt, ein Fluss, der sich ums Zentrum schlängelt – Bern gibt sich romantisch und weltoffen.

Mit einem Augenzwinkern könnte man formulieren: Das größte Museum von Bern ist … Bern selbst. Davon ist auch die UNESCO überzeugt und erhob im Jahr 1983 die Altstadt in den Rang eines Welterbes. Bern zählt wie Venedig und Florenz zu den wenigen Städten, die als Flächendenkmal ausgezeichnet wurden.

Doch von musealer Beschaulichkeit kann in der Bundesstadt der Schweiz – den Begriff Hauptstadt gibt es offiziell nicht – keine Rede sein. Die Städteplaner wollen die »Balance finden zwischen musealer Erhaltung und lebendigem Wohnquartier«, wie es in einer Publikation zum UNESCO-Welterbe heißt. Besonders gelungen

ist dies beim 2004 fertiggestellten Wasserspiel am Bundesplatz. Innerhalb kürzester Zeit eroberte dieser neu gestaltete Raum mit seinen 26 hoch aufschießenden Fontänen die Herzen der Berner und der Besucher.

Endlose Arkadengänge
Die Hauptattraktion der Stadt sind jedoch die weltberühmten Lauben. Die 6 km langen Bogengänge zählen zu den schönsten und längsten überdachten Flaniermeilen Europas. Hier freute sich auch Albert Einstein 1902 über seine geglückte Anstellung beim Berner Patentamt. In seinen Berner Jahren entwickelte er die viel zitierten Sätze zur Relativität. Wladimir

◄ Die Berge rufen: An klaren Tagen wecken die nahe gelegenen Alpen am Horizont das Fernweh der Berner.

Iljitsch Uljanow, genannt Lenin, trieb es nach seiner Flucht aus Russland durch halb Europa. 1914 landete er in Bern, wo ihm tatkräftige Unterstützung bei der revolutionären Arbeit zuteil wurde.

Eine illustre Gästeschar

Auch andere berühmte Besucher und (Dauer-)Gäste wussten die Lebensqualität in und um Bern zu schätzen. Hermann Hesse, Rainer Maria Rilke, Ernst Bloch, Max Scheler, Marc Chagall, Pablo Picasso und Niki de Saint Phalle waren zu Gast – teils wegen ihrer Profession, teils der guten Luft wegen. Christo und Jeanne-Claude nahmen 1968 zum ersten Mal die Gelegenheit wahr, ein Gebäude einzuhüllen: »Wir nahmen die Environments der anderen elf Künstler und verhüllten sie. So hatten wir unser ganzes Environment drin«, kommentierten sie nicht ohne Schalk. Lediglich Napoleon Bonaparte fiel aus der Rolle: 1797, auf dem Weg nach Rastatt, wählte er die kürzeste Route durch die Schweiz und gelangte über den Mont Cenis nach Bern. Trotz Kanonensalut empfand der berühmte Franzose den Ort als »unausstehlich« und setzte seine Reise nach nur kurzer Pause unverzüglich fort. Dies hinderte ihn jedoch nicht daran, wenig später seine Truppen nach Bern zu schicken und sich den Staatsschatz einzuverleiben.

Auch wenn historische Gemäuer und die Geschichte überall präsent sind, lebt Bern im Hier und Jetzt. Die Stadt ist Sitz von drei Regierungen, Parlamenten und Verwaltungen: Im Bundeshaus wird über das Wohl des Landes entschieden, das Berner Rathaus teilen sich die Entscheidungsträger des Kantons sowie die Politiker der Stadt. Bern ist Sitz der Schweizerischen Nationalbank und Messestandort. Und im Quartier Schosshalde hat die größte Sammlung an Werken von Paul Klee ihr Zuhause. Die dafür entworfene wellenförmige Stahlkonstruktion entstammt der Feder des berühmten italienischen Architekten Renzo Piano. Bern war Austragungsort der Fußball-Europameisterschaft 2008 sowie der Eishockey-Weltmeisterschaft 2009. 2011 ermittelten die Eiskunstläufer ihren Europameister.

Ausflüge ins Oberland

Wem es bei solchen Ereignissen zu turbulent wird, nimmt kurzerhand Reißaus. Die Bundesstadt bietet auch dafür die besten Bedingungen. Wer kann schon einen Hausberg à la Gurten vorweisen? Bereits nach wenigen Fahrminuten mit der Standseilbahn befindet man sich in 864 m Höhe – Panoramablick inklusive.

Wer noch höher hinaus möchte, besteigt sommers wie winters die Aussichtspunkte bei Eiger, Mönch und Jungfrau. Das Berner Oberland lockt mit Wanderungen, Ski- und Rodelbahnen und hat auch für Fallschirmspringer, Paraglider oder Drachenflieger die nötige Infrastruktur. Bei all diesen prächtigen Voraussetzungen ist die Liebe der Berner zu ihrer Stadt und ihrer Umgebung verständlicherweise groß. Sie beschreiben sie als lebenswert und schön. Mit dieser Meinung stehen sie nicht alleine da. Selbst der weit gereiste Johann Wolfgang von Goethe soll nach einem Besuch der Stadt geschwärmt haben: »Das ist die schönste Stadt der Welt.«

MERIAN-TopTen MERIAN zeigt Ihnen die Höhepunkte der Stadt: Das sollten Sie sich bei Ihrem Besuch in Bern nicht entgehen lassen.

 Kornhauskeller
Berner kommen zum Essen, Urlauber zum Staunen: Der imposante Keller ist ein Augenschmaus (▶ S. 25).

 Bärenpark
Die tun nichts! Seit dem Jahr 1480 leben Bären und Berner friedlich miteinander – dank eines trennenden Grabens (▶ S. 61, 88).

 Berner Münster
Das höchste Gotteshaus der Schweiz – mit einer eigenwilligen Interpretation des Jüngsten Gerichts (▶ S. 62, 88).

 Bundeshaus
Die Schweizer sind stolz auf ihr politisches System und dessen bauliches Symbol, das Bundeshaus (▶ S. 63, 88).

 Gurten
Der Berner Hausberg lädt zum Radeln, Rodeln, Wandern oder einfach zum Nichtstun ein (▶ S. 67).

 Lauben
Schützt bei Regen, Eis und Schnee, aber nicht das Portemonnaie: In den Geschäften unter den Arkaden sind die Verlockungen groß (▶ S. 70).

7 Zeitglockenturm

Drei Minuten vor der Zeit ist die wahre Pünktlichkeit – dann beginnt das skurrile Figurenspiel am Turm der »Zytglogge« (▸ S. 72).

8 Einstein Museum

$E = mc^2$. Ist logisch! Oder? Multimedial wird auch Laien verständlich, was Einsteins Theorien bedeuten (▸ S. 75).

9 Schweizerisches Freilichtmuseum Ballenberg

Gemeinsames Nacherleben: So haben die Schweizer in früheren Zeiten gewohnt, gearbeitet und gefeiert (▸ S. 82).

10 Zentrum Paul Klee

Eine Verbeugung vor dem Maler Paul Klee: 4000 seiner Werke finden hier einen spektakulären architektonischen Rahmen (▸ S. 84).

MERIAN -Tipps Mit MERIAN mehr erleben.

Nehmen Sie teil am Leben der Stadt und entdecken Sie Bern, wie es nur Einheimische kennen.

 ### Altes Tramdepot
Das gutbürgerliche Lokal bietet einen herrlichen Blick auf Aare und Altstadt und vor allem selbst gebrautes Bier zu deftiger Kost (▸ S. 21).

 ### Della Casa
Eine Berner Institution: schlicht das Mobiliar, deftig die Speisen, gemütlich die Atmosphäre (▸ S. 22).

 ### Schwellenmätteli
Wer einen Tag ausspannen will, liegt hier richtig: Baden, Cappuccino und »dolce far niente« (▸ S. 27).

 ### Rosengarten
Draußen oder drinnen? Egal: Von diesem Restaurant aus hat man den schönsten Blick auf Bern (▸ S. 29).

 ### Du Théâtre
Hier tanzt der Berner Bär – im einstigen Gourmettempel trifft sich heute die Promi-Szene zu angesagten Events und Partys (▸ S. 45).

 ### Marzilibad
Idyllisch an einer Flussschleife gelegen: Im bekanntesten Freibad der Schweiz lockt die Aare zum Baden (▸ S. 55).

 Tierpark Dählhölzli

Das Dählhölzli ist mehr als ein Zoo, es ist eher eine Art Landschaftspark, Ausflugsziel und ein beliebter Freizeittreff für viele Berner (▶ S. 56).

 Elfenau

Die Berner ziehen sich gerne in dieses ehemalige gräfliche Anwesen zurück und genießen das Naturschutzgebiet an der Aare (▶ S. 64).

 Marzilibahn

Eine uralte Drahtseilbahn aus dem Jahr 1885 verbindet das Marziliquartier am Aare-Ufer mit der höher gelegenen Altstadt (▶ S. 71).

 Historisches Museum Bern

Wer Bern und den Bund der Eidgenossen verstehen will, der besucht die Ausstellung am Helvetiaplatz (▶ S. 77).

Dem Wellenschlag der Aare lauschen, in Café oder Casa mediterrane Speisen genießen – ein launiger Abend am Schwellenmätteli (▶ MERIAN-Tipp, S. 27).

Zu Gast **in Bern**

Zimmer mit alpinen Aussichten, Speisen in historischen Gewölben, Bummeln unter schützenden Lauben,
Ausgehen bis in den frühen Morgen – Bern zeigt sich
beschaulich, traditionsbewusst und modern.

Übernachten
Wohnen mit Flair: Im Herzen Berns genießen Gäste das historische Ambiente der Welterbestadt – außerhalb locken die Nähe zu Natur und die zahlreichen Attraktionen der Alpenregion.

◄ Die Rezeption des traditionsreichen Luxushotels Bellevue Palace (▸ S. 13) im Herzen der Altstadt.

Bern, die Stadt mit UNESCO-Welterbestatus, zugleich politischer Mittelpunkt der Schweiz, empfängt im Jahr etwa 700 000 Gäste – darunter viele Staatsgäste. Sie wohnen zumeist im **Bellevue Palace**, das Eigentum des Bundes ist und zudem die einzige Fünf-Sterne-Hotel in unmittelbarer Umgebung des Bundeshauses. Die Konkurrenz in der First-Class-Kategorie war jahrelang geschlossen. Mittlerweile haben Investoren aus Katar den **Schweizerhof** neu konzipiert und umgebaut. Jetzt bietet das Haus einen topmodernen, zugleich luxuriösen Gegenentwurf zum Bellevue.

Blick über die Altstadt

Je nach Wunsch kann der Besucher zwischen allen bekannten Hotelkategorien wählen: Den größten Charme haben die Unterkünfte im Zentrum, gerne im Obergeschoss mit Blick über die Altstadt. Sehr viele Häuser sind im neuen Jahrtausend von Grund auf renoviert worden und bieten in alten Gemäuern alle Vorteile modernen Komforts und aktueller Technik.

Für manch ausländischen Gast mögen die Preise etwas hoch erscheinen. Das hängt nicht nur mit dem bekannten Schweizer Preisniveau zusammen. Die begrenzte Fläche in der Altstadt lässt nicht viele konkurrierende Herbergen zu. Da neigt man dazu, sich in der Peripherie eine adäquate Unterkunft zu suchen. Doch sollte ein Aspekt dabei bedacht werden: Autofahrten nach Bern kommen teuer, weil für alle Parkplätze hohe Gebühren anfallen. So gibt es kaum eine Alternative zu den öffentlichen Verkehrsmitteln. Verbindungen und Komfort sind zwar ausgezeichnet – doch die Wartezeit am S-Bahn-Gleis plus Fahrtdauer sollte man im Vorhinein beim Urlaubsvergnügen mit einkalkulieren. Hotelbuchungen unter www.berninfo.com.

Preise für ein Doppelzimmer ohne Frühstück:

€€€€ ab 230 SFr	€€ ab 140 SFr
€€€ ab 170 SFr	€ bis 140 SFr

HOTELS €€€€

Bellevue Palace Bern

▸ Klappe vorne, b 4

Extraklasse • Das Fünf-Sterne-Hotel Bellevue Palace gilt als das renommierteste Haus am Platz. 30 der 130 Gasträume sind Suiten! Dieser ungewöhnlich hohe Anteil an Luxuszimmern erklärt sich durch die noble Klientel des Eigentümers: Das Bellevue Palace, nur einen Steinwurf vom Bundeshaus entfernt, ist im Besitz der Schweizerischen Eidgenossenschaft. Staatsgäste und Prominente aus aller Welt nisten sich hier ein und genießen den Blick auf die Aare und die Alpen. Im Gästebuch verzeichneten sich etwa Desmond Tutu, Fidel Castro oder Fürst Rainier von Monaco. Aber auch Künstler wie Plácido Domingo, Juliette Gréco und Hazy Osterwald bezogen bei einem Konzert in Bern die Suiten im Bellevue.

Optisches Glanzstück ist sicherlich das Jugendstilglasdach der Eingangshalle, das noch aus der Entstehungszeit des Hauses von 1913 stammt. Hier münden alle Gesellschaftsräume, die auch jenen offenstehen, die einmal am Duft der großen, weiten Welt schnuppern wollen: das Restaurant **La Terrasse** oder die **Bellevue-Bar**, die bis 23.45 Uhr kleine Speisen zu moderaten Preisen anbietet.

Übrigens gehört das La Terrasse – im Sommer mit Außenplätzen oberhalb der Aare – zu den Spitzenrestaurants der Bundesstadt: Dem Gault Millau sind die Künste der Küche drei Hauben (16 Punkte) wert.
Innere Stadt • Kochergasse 3–5 • Bus, Tram: Zytglogge • Tel. 0 31/3 20 45 45 • www.bellevue-palace.ch • 130 Zimmer, 30 Suiten • ♿ • 🐾 • 🚗 • €€€€€

Hotel Schweizerhof
▶ Klappe vorne, a 3

Traditionshaus in neuem Glanz • Nach zweijährigen Umbauphasen, in denen das Gebäude teilweise entkernt und die Hülle vollständig restauriert wurde, weist Bern wieder ein zweites Fünf-Sterne-Hotel auf. Mit seiner 150-jährigen Geschichte gilt es als das traditionsreichste Hotel der Stadt. Nach dem 45 Mio. SFr teuren Umbau stellt sich das Haus als »konservatives Design-Hotel« vor – mit einem Hang zum Luxus, klassisch im Aufbau und verliebt ins Detail, ohne kurzfristig gefallen zu wollen.
Innere Stadt • Bahnhofplatz 11 • Bus, Tram: Bern Bahnhof • Tel. 0 31/3 26 80 80 • www.schweizerhof-bern.ch • 99 Zimmer (inkl. Suiten) • 🐾 • €€€€€

HOTELS €€€€
Allegro
▶ Klappe vorne, c 1

Zimmer mit Aussicht • Das Hotel fügt sich nahtlos in die eigene kleine Welt des Kongress- und Kursaals ein: Vier verschiedene Restaurants bieten von der chinesischen über die mediterrane bis zur Feinschmeckerküche im **Meridiano** (16 Gault-Millau-Punkte ▶ S. 27) lukullische Abwechslung. In den Komplex ist sogar ein **Spielcasino** mit Roulette, Black Jack und Poker integriert. Die 181 Räume

verteilen sich auf vier Etagen. Jeder Etage ist ein Edelmetall zugeordnet, dessen Farbe sich in der Zimmerausstattung widerspiegelt. Übrigens haben die preisgünstigen Zimmer keine Außenfenster. Das soll aber nicht abschrecken: Sie sind dennoch hell, weil sie an einem Atrium liegen, um das sich die Architektur des Hauses raffiniert gruppiert. Die Terrassen und die Außenplätze der Restaurants bieten sich in den Sommermonaten auch für Nicht-Hotelgäste an: Bei klarem Wetter ist hier der Blick auf die Alpen einer der schönsten der Stadt.
Breitenrain-Lorraine • Kornhausstr. 3 • Bus, Tram: Kursaal • Tel. 0 31/3 39 55 00 • www.allegro-hotel.ch • 171 Zimmer, 10 Suiten • 🐾 • €€€€

Ambassador & Spa
▶ S. 118, A 8

Komfort und Entspannung • Das Ambassador empfiehlt sich Urlaubern, die Wohnkomfort mit einem attraktiven Wellnessangebot verbinden wollen: Hallen- und Dampfbad, eine finnische Sauna sowie die Fitnessgeräte stehen kostenfrei zur Verfügung. Die Zimmer sind im funktionalen, »musterfreien« Businessstil gehalten. Die schönsten liegen in den oberen Stockwerken – entweder mit Blick Richtung Gurten, dem Berner Hausberg, oder auf die Altstadt mit Münster und Bundeshaus.
Im Hotel stellen sich zwei Restaurants zur Auswahl: Im **Taishi** bereitet die Küche japanische Spezialitäten an einer offenen Herdstelle frisch zu. Das **Le Pavillon** bietet internationale Gerichte mit saisonalen Produkten. Das Ambassador liegt in Bern-Belp, die Tram benötigt knapp 7 Min. bis zum Bahnhof am Rand der Altstadt.
Mattenhof-Weissenbühl • Seftigenstr. 99 • Tram: Schönegg • Tel. 0 31/

3 70 99 99 • www.fhotels.ch •
97 Zimmer • 🐾 • €€€€

Belle Epoque　▶ Klappe vorne, d 3

Konsequent im Jugendstil gehalten •
Der Name des kleinen Altstadthotels
ist Programm: Das Belle Epoque hat
sich detailverliebt dem Jugendstil verschrieben. Vom Entree bis in die Gästezimmer ist das Haus durchgängig
mit fantasievoller Ornamentik und
der spielerisch runden Formenwelt
der Art-nouveau-Möbel ausgestattet.
Originalbilder und Antiquitäten aus
der Zeit des ausgehenden 19. Jh. zieren das Haus unweit der Nydeggbrücke. Die Zimmer sind – wie in den
meisten Altstadthotels – relativ klein.
Jene, welche zur Gerechtigkeitsgasse
liegen, bieten eine Badewanne, die anderen warten mit Duschen auf. Unter
dem Dach kann man die Hodler-Suite
buchen, die Bilder des Berner Künstlers Ferdinand Hodler bewundern, eine Scheibe aus der hauseigenen Plat-
tensammlung auflegen und mit Blick
über die Dächer der Altstadt unbe-
schwert seinen Träumen nachgehen.
Ähnlich geschmackvoll präsentieren
sich das Restaurant **Le Chariot** und
die Bar **Toulouse Lautrec**, die beide
einen willkommenen Anlass bieten,
das Belle Epoque zu besuchen, auch
wenn man dort nicht logiert.
Innere Stadt • Gerechtigkeitsgasse 18 •
Bus: Nydegg • Tel. 0 31/3 11 43 36 •
www.belle-epoque.ch • 16 Zimmer,
1 Suite • 🐾 • €€€€

Innere Enge　▶ S. 116, A 2

Individuell • In innerer Enge möchte kaum jemand seinen Urlaub ver-
bringen – es sei denn, er wohnt in
diesem Hotel in der Engestraße. Bereits im 18. Jh. war es als Gartenres-
taurant ein beliebtes Ausflugsziel vor
den Toren der Stadt. 1810 etwa wurde
hier für Kaiserin Josephine, Gemah-

Ihrem Namen zum Trotz eher weiträumig: Die Zimmer im Hotel Innere Enge (▶ S. 15)
verraten viel Liebe zum Detail und bieten einen Blick ins Grüne oder auf die Stadt.

lin Napoleons I., ein Grand Déjeuner veranstaltet. Heute liegt das mehrfach umgebaute Haus nicht mehr außerhalb der Stadt, wird aber von den Bernern immer noch gerne besucht. Dafür sorgen der Musikclub **Marians Jazzroom** (▸ S. 45) und das Restaurant, die **Brasserie Joséphine**. Das Haus ist von einer parkähnlichen Anlage umgeben und verheißt an schönen Tagen einen Blick auf die Alpen. Die Gästezimmer sind gemütlich und individuell im Landhausstil gestaltet. Länggasse-Felsenau • Engestr. 54 • Bus: Innere Enge • Tel. 0 31/3 09 61 11 • www.innere-enge.ch • 26 Zimmer • 🐾 • €€€€

Landgasthof Sternen Muri
▸ S. 119, E 6

Einfach gemütlich • Etwas außerhalb des Stadtkerns, aber nur rund 5 km vom Bahnhof entfernt, empfängt der Landgasthof Sternen Muri seine Gäste. Das Haus bietet 44 Zimmer auf drei Etagen, jedes Stockwerk ist in den Farben Gelb, Grün oder Blau gehalten. Die Räumlichkeiten sind freundlich und modern eingerichtet, und die Gestaltung der sogenannten Superior-Zimmer folgt dem harmonischen Prinzip der daoistischen Philosophie Feng Shui.
Die Küche in der Gaststube und auf der Terrasse des Sternen Muri serviert saisonale Gerichte zu moderaten Preisen. Die Speisekarte des Restaurants **Lauben** (das »Läubli« genannt) wendet sich dagegen mit anspruchsvollen Gerichten an Genießer. Nach der letzten Renovierung 2006 hat der Landgasthof ein kleines Privatmuseum eröffnet und präsentiert dort seither eine Musikdosensammlung mit rund 30 Exemplaren aus den Jahren 1850 bis 1950.

Muri bei Bern • Thunstr. 80 • Tram ab Zytglogge bis Muri • Tel. 0 31/9 50 71 11 • www.sternenmuri.ch • 44 Zimmer • ♿ • 🐾 • €€€€

HOTELS €€€

City am Bahnhof
▸ Klappe vorne, a 3

Modern und zentral • Dank seiner günstigen Lage am Bahnhof ist das Hotel bei Geschäftsleuten wie Touristen gleichermaßen beliebt. Naturgemäß ist es in der Innenstadt immer etwas lauter als in den Randgebieten. Das City ist zwar mit großen Isolierfenstern ausgestattet, trotzdem empfiehlt es sich, Unterkünfte zur Rückseite hin zu buchen. Die Räume sind modern eingerichtet, teilweise sind die Badezimmer – sehr chic – mit Sichtschutzfenstern vom Schlafbereich abgetrennt, sodass Tageslicht einfällt. Übrigens können Übernachtungsgäste den Wellnessbereich des Hotels Ambassador (▸ S. 14) in der Seftigenstraße kostenlos nutzen.
Länggasse-Felsenau • Bubenbergplatz 7 (am Bahnhof) • Bus, Tram: Bern Bahnhof • Tel. 0 31/3 11 53 77 • www.fhotels.ch • 58 Zimmer • €€€

Continental
▸ Klappe vorne, b 3

Über den Dächern • Das Hotel in der Altstadt verteilt sich über drei Etagen. Die schönsten Zimmer liegen im Dachgeschoss, weil man von dort den Blick über die Dächer genießen kann. In den Sommermonaten wird das Frühstück auf einer kleinen Terrasse eingenommen, in der kälteren Jahreszeit muss man mit einem Saal vorliebnehmen, der den Charme eines Schullandheims verströmt.
Innere Stadt • Zeughausgasse 27 • Bus, Tram: Bern Bahnhof • Tel. 0 31/3 29 21 21 • www.hotel-continental.ch • 40 Zimmer • 🐾 • €€€

Goldener Schlüssel
> ▸ Klappe vorne, c 3

Behaglich • Sechs Monate dauerten die Renovierungsarbeiten, bis Marianne und Jost Troxler 2008 eines der ältesten Hotels der Stadt wieder eröffnen konnten. Erstmals wurde das Haus 1508 als Gastbetrieb erwähnt. Heute sind alle Zimmer mit Bad, Internet und Flachbildschirm auf dem neuesten Stand. Das Interieur präsentiert sich modern und historisch zugleich – so wurden Deckenbalken freigelegt, um den traditionellen Charakter zu bewahren. Von der Juniorsuite im Obergeschoss sieht man auf die Dächer der Altstadt. Das Restaurant verdient nicht nur einen Tipp wegen der Speisen (Lammmedaillons mit Kräuterkruste), sondern auch wegen des Charmes: Die alte, gewölbte Holzdecke gibt der Stube eine einzigartige Behaglichkeit. Innere Stadt • Rathausgasse 72 • Bus, Tram: Zytglogge • Tel. 0 31/3 11 02 16 • www.goldener-schluessel.ch • 33 Zimmer, 1 Suite • 🐾 • €€€

HOTELS €
Bed & Breakfast Pension Maeder
> ▸ S. 114, westl. A 3

Bauernhof mit Anschluss • Wer neben Bern auch noch die Attraktionen des Oberlandes besichtigen möchte, mag gut beraten sein, sich eine Unterkunft im Umkreis der Schweizer Bundesstadt zu suchen. Mädersforst liegt knapp 14 km vom Stadtzentrum entfernt und gehört zur Ortschaft Rosshäusern. Der Flecken besteht lediglich aus drei oder vier Bauernhöfen. Christina und Walter Maeder haben ihr Gut komplett renoviert und warten mit zwei komfortabel und geschmackvoll eingerichteten Zimmern auf. Familien mit Kindern können das Gartenhaus beziehen. Christina Maeder bereitet auf Wunsch auch ein Frühstück. Wer einmal in den Genuss ihrer selbst gebackenen Kuchen kommen darf, ist Mädersforst hoffnungslos verfallen. In 10 Min. Fußweg erreicht man die S-Bahnstation. Von dort dauert die Fahrt zum Bahnhof etwa 20 Min. Rosshäusern • Mädersforst 108 • S-Bahn: Rosshäusern • Tel. 0 31/7 51 02 08 • 2 Zimmer, 1 Gartenhaus • €

Etap
> ▸ S. 117, F 2

Für Preisbewusste • Die Accor-Gruppe hat am Guisanplatz, gegenüber den Messehallen der Bern Expo, drei Hotelmarken für jeden Geldbeutel in einem Hochhaus untergebracht: Das **Novotel** mit vier Sternen wendet sich an eine Klientel, die Wert auf Komfort und individuelle Betreuung legt. Das **Ibis** (zwei Sterne) spricht die gehobene Mittelklasse an, während das Hotel **Etap** in den Etagen zehn bis zwölf sehr preisgünstige Zimmer anbietet. Allzu viel sollte man freilich nicht erwarten: Die Räume sind relativ klein und nur mit dem Notwendigsten – inklusive Dusche – ausgestattet. Hinzu kommt ein Etagenbett, gedacht für maximal zwei Kinder, die bis zum Alter von zwölf Jahren kostenlos im Zimmer der Eltern übernachten dürfen. Frühstück wird am Büfett angeboten, ein Restaurant ist nicht vorhanden.
Gerade für Preisbewusste, die sich die relativ teuren Altstadthotels nicht leisten wollen, kann das Etap eine brauchbare Alternative sein. Vom Guisanplatz benötigt die Tram nur etwa 8 Min. bis zum Bahnhof. Wankdorffeld • Guisanplatz 2–4 • Tram: Guisanplatz • Tel. 0 31/3 35 12 12 • www.etaphotel.com • 102 Zimmer • €

Essen und Trinken
Speisen in histo-
rischen Gewölbekellern, dinieren in dekorierten Sterne-
Restaurants, gemütlich genießen in Berner Beizen –
die Bundesstadt bietet kulinarische Vielfalt.

◀ Im Edelitaliener Lorenzini (▶ S. 26), bekannt für seinen hohen Promifaktor, empfiehlt es sich vorzubestellen.

Die Berner Lauben bergen nicht nur unzählige Geschäfte, sie bieten auch Restaurants und Kneipen Raum für die beliebten Außenplätze. So verleihen die schützenden Arkaden im Zentrum dem Diner ein Flair südeuropäischer Lebensfreude. Oft haben sich die Bars und Beizen aber auch in Kellern mit den typischen Gewölbedecken eingenistet. Sie sind für Ungeübte erst auf den zweiten Blick zu erkennen, weil nur ein kleines Schild darauf verweist und eine schmucklose Luke in das Souterrain führt.

Altertümlich ist »in«

Das Besondere an der Berner Gastroszene: Das Interieur vieler Altstadtlokale ist im besten Sinne altmodisch – und sorgt für unwiderstehlichen Charme und Gemütlichkeit. Wenn eine Beiz altertümlich wirkt, dann ist das Absicht. Fritz Gyger, der Wirt der **Harmonie** (▶ S. 22), heimste einen Denkmalpflegepreis für die behutsame Restaurierung seines Lokals ein. Die Einrichtung wurde zwar aufgemöbelt, stammt aber in großen Teilen noch aus der Ära, als Großvater Gyger die Gaststätte übernahm. Die modernen Zeiten gehen jedoch auch an Bern nicht vorbei. Außerhalb der Altstadt hat sich etwa im Allegro Hotel am Kursaal oder beim Zentrum Paul Klee eine junge Kochkunst entwickelt, die Feinschmecker mit der Zunge schnalzen lässt.

Berner Spezialitäten

Die klassischen kulinarischen Köstlichkeiten der Region bieten die bürgerlichen Lokale an. Da ist zu allererst die »Berner Platte« zu nennen. »Erfunden« wurde sie am 5. März 1798: Bei der Schlacht von Neuenegg siegten die Truppen der Stadt über die Franzosen. Zur Feier des Tages kombinierte man das Beste, was die Vorräte hergaben, zu der berühmten Platte. Sie besteht aus verschiedenen Fleisch- und Wurstsorten, meistens Siedfleisch, Speck, »Wienerli und Rippli«, Rindszunge oder Zungenwurst, die gekocht und mit Salzkartoffeln sowie Sauerkraut, aber auch Bohnen serviert wird. Klingt üppig und ist es auch. Wem das zu viel sein sollte, greift zum »Berner Teller«, der abgespeckten Variante der Platte. Neben den Berner Lebkuchen – mit Haselnüssen gebacken und nicht selten mit dem Berner Bären verziert – sind auch »Meringues« für die Region bekannt, ein Schaumgebäck aus gezuckertem Eischnee. Genossen wird das Dessert mit »Nidle« – frischer Schlagsahne. Übrigens: Im **Alten Tramdepot** (▶ MERIAN-Tipp, S. 21) sitzt die letzte Berner Bierbrauerei. Zwei- bis dreimal die Woche stellt man hier ein eigenes Bier her. Dabei entstehen ab und an exotische Varianten, etwa mit Pfeffer oder Sirup als Zutat – auf jeden Fall aber einmalig. Gut zu wissen: Auf den Speisekarten finden sich neben den Gerichten oftmals zwei Preisangaben. Dann bieten die Wirte neben der üblichen auch eine kleinere Portion an. Und: Viele Altstadtlokale haben nur begrenzt Tische zur Verfügung – wer nicht enttäuscht werden will, dem sei eine Reservierung ans Herz gelegt.

Preise für ein dreigängiges Menü:

€€€€ ab 70 SFr	€€ ab 45 SFr
€€€ ab 55 SFr	€ bis 45 SFr

FRANZÖSISCH
Brasserie Bärengraben
▶ Klappe vorne, e 3

Desserts vom Feinsten • Der kleine Bau vis-à-vis des Bärengrabens, am Anfang der Nydeggbrücke, war früher ein Zollhaus. 1890 hat sich dort ein Kaffeehaus eingenistet, das Café Bärengraben. Über die Stadtgrenzen hinaus sind die Desserts von Edy Juillerat bekannt, der seit 2001 die Brasserie betreibt. Die Leckereien stehen nicht auf der Karte, sind aber in einer Glasvitrine zu bewundern, und das schafft allemal mehr Lust auf Süßes als jede Beschreibung. Beliebt ist die Brasserie für ihre Profiteroles, kleine Windbeutel aus zuckerlosem Teig, die mit Creme oder Sahne gefüllt werden können. Der Pâtissier überzieht sie zusätzlich mit Schokolade. Ähnlich bekannt ist die Saint-Honoré-Torte, die nach klassischem Rezept aus Blätter- und Brandteig besteht, verfeinert mit Vanillecreme und karamellisierten Profiteroles.
Laufkundschaft muss großes Glück haben, um einen Platz in dem Lokal zu finden, reservieren ist Pflicht. Dann ist das Erleben französischer Feinschmeckerkunst garantiert. Ein Rindstartarsteak servieren die Ober mit Pommes allumettes und Toast, Schweinsfüße mit Morchelsauce, und eine Gänseleberterrine wird mit Rotweinkonfitüre kombiniert. Aber auch weniger Exotisches präsentiert die Karte: Kalbsleberli und -nierli, Kuttteln und Entenbrust gibt es auch in anderen Restaurants – dafür nur hier vom Gault Millau geprüft.
Kirchenfeld-Schosshalde • Grosser Muristalden 1 • Bus: Bärengraben • Tel. 0 31/3 31 42 18 • www.brasserie baerengraben.ch • Mo–Fr 7–24, Sa, So 8–24 Uhr • €€€

Zimmermania
▶ Klappe vorne, c 3

Glorreiches Bistro • Bei Konservativen hatte die Pinte einen üblen Ruf: Sie war in der Mitte des 19. Jh. das Stammlokal der radikalen Freisinnigen, gesellschaftlichen Erneuerern, deren Ideen letztendlich in der Kantonsverfassung von 1846 umgesetzt wurden und die die Souveränität des Volkes durchsetzten. Der Wirt hieß Friedrich Zimmermann-Hügli, eine stadtbekannte, imposante Persönlichkeit, die »Czaar« genannt wurde. Seit dieser Zeit ist das Lokal jedem Berner ein Begriff, wenn auch heute eher durch die Qualität der Küche. Annemarie Wildeisen, eine bekannte Schweizer Fernsehköchin, schwört, man könne bei Chefin Janine Mangiantini die beste Bistro-Küche der Stadt vorfinden, »echt französisch und immer perfekt zubereitet«.
Die Speisekarten an den feierlich weiß gedeckten Tischen listen gebratene Kalbsmilken (Bries) und Champignons auf, Kartoffelsuppe mit schwarzen Trüffeln und als Spezialität den Kalbskopf an einer Vinaigrettesauce. Gäste mit etwas handfesteren Vorlieben dürften sich auf Hackbraten mit Kartoffelstock, Rehschnitzel in der Saison oder Entrecôte mit hausgemachter Kräutersauce freuen.
Innere Stadt • Brunngasse 19 • Bus, Tram: Zytglogge • Tel. 0 31/3 11 15 42 • www.zimmermania.ch • Di–Sa 11–14.30, 17–23.30 Uhr • €€€

Entrecôte Café Fédéral
▶ Klappe vorne, b 3

Konsequent mediterran • Den bequemsten Blick auf das illuminierte Wasserspiel am Bundesplatz genießen Gäste, die den Fensterplatz im Entrecôte Café Fédéral reserviert haben. Auf zwei Etagen bietet das Fédéral im französischen Bistrostil rund 100 Plätze. Die Karte ist übersichtlich, was aber eher einen Vorteil als einen Nachteil bedeutet. Denn zur Philosophie des Hauses gehört der Einsatz frischer Ware aus dem Umland. Gemüse und Salate stammen vom Wochenmarkt, das Fleisch aus der Schweiz und die Kartoffeln für die hausgemachten »Pommes allumettes« – streichholzdünn geschnittene Pommes frites – vom erntenden Bauern höchstpersönlich.

Spezialität des Hauses ist das Entrecôte »Café de Paris« mit frittierten Streichholzkartoffeln, Märitsalat und Baumnüssen. Diese Beilagen werden auch zu gebratenen Eglifilets gereicht. Der Flussbarsch kann frittiert bestellt werden, dazu gibt es Tartarsauce sowie Märitsalat mit Baumnüssen. Nur mittags serviert die französisch orientierte Küche auch Pastagerichte.
Innere Stadt • Bärenplatz 31 • Bus, Tram: Bärenplatz • Tel. 0 31/3 11 16 24 • www.entrecote.ch • Mo–Do 6.30–23.30, Fr, Sa 6.30–0.30, So 9–23.30 Uhr • €€

GUTBÜRGERLICH

Frohsinn   ▸ Klappe vorne, c 3

Bürgerlich mit Pfiff • Anfang 2008 ist Daniel Schmidt aus dem Wallis nach Bern zurückgekommen, um das Restaurant Frohsinn zu übernehmen. Aus seiner Heimat hat er Fasnachtsmasken mitgebracht, deren grimmiger Ausdruck nicht so ganz zum geselligen Namen des Hauses passen wollen. Aber diese hängen im ersten Stock, und zu Gesicht bekommt sie nur, wer Käsefondue essen möchte. In der Beiz sitzt man am besten im Erdgeschoss oder, wer Platz findet, nimmt im Freien unter den Lauben Platz. Dort stillen Kichererbsenpü-

MERIAN-Tipp

ALTES TRAMDEPOT
▸ Klappe vorne, e 3

An dieser Lokalität führt kaum ein Weg vorbei. Zum einen liegt sie direkt am Bärengraben, zum anderen findet sich im selben Gebäude die Tourist Information. Von 1890 bis 1901 diente der Bau tatsächlich als Betriebsgebäude der Straßenbahn. Danach befand sich dort eine Autowerkstatt, später die Requisitenkammer des Stadttheaters. Nach einer umfassenden Restaurierung wurde das Haus 1998 seiner heutigen Bestimmung übergeben. Frei liegende Stahl- und Holzbalken sowie große Fensterflächen prägen die Halle. Hinter der Theke glänzen zwei kupferfarbene Kessel, das Alte Tramdepot braut seinen eigenen Gerstensaft, der in der Bügelflasche mit nach Hause genommen werden kann. Auch die Schweizer Küche hat es in sich: Hausgemachte Spätzli werden mit Gemüse und Käse gratiniert, Emmentaler Rösti – mit Käse überbacken und gebratener Speckscheibe – schmeckt mit Apfelmus besonders gut. Im Sommer lockt der Biergarten – mit Blick auf den neu gestalteten Bärengraben, die Aare und die Altstadt.
Kirchenfeld-Schosshalde • Grosser Muristalden 6 • Bus: Bärengraben • Tel. 0 31/3 68 14 15 • www. altestramdepot.ch • Mo–So 10–0.30, im Winter ab 11 Uhr • €€

ree mit geröstetem Olivenbrot oder Gemüse-Antipasti mit marinierten und gegrillten Auberginen, Peperoni und Zucchini den kleinen Appetit.

Als Hauptspeise bieten sich diverse Pastagerichte an oder Lammkarree provençale an Rosmarinjus, mit Ratatouille und Mascarpone-Risotto. Das Ross-Entrecôte kommt rustikal daher, mit hausgemachter Kräuterbutter, Saisongemüse und Pommes frites. Der Name täuscht übrigens nicht – das Fleisch stammt von Pferden aus den USA. Besonderen Ehr-

---

MERIAN-Tipp

DELLA CASA ▶ Klappe vorne, a 3

Als das Della Casa noch Café Frick hieß, saß in der Stube häufig ein Schüler namens Paul Klee und vertrieb sich den Tag mit Zeichnen. Kost hatte der Junge frei, schließlich gehörte er zur Familie. Auf Onkel Ernst Frick folgte Franz Robert Della Casa, nach dem der Gasthof noch heute benannt ist. Das Bundeshaus ist nur 150 m entfernt, und so treffen sich hier Politiker und Lobbyisten, Redakteure und Beamte. Das mag etwas elitär klingen, ist es aber keineswegs. Das Della Casa ist »Everybody's Darling«, hier hocken ebenso Rentner wie Arbeiter. Im ersten Stock wird es nobler: Das Schützenstübli nennt der Volksmund auch Bundesratstübli, weil die ranghöchsten Politiker der Schweiz des Öfteren hier zu Gast sein sollen. Die Speisekarte verzeichnet selbstredend keine Gerichte aus der Trendküche: Die Bauernbratwurst wird an einer Zwiebelsauce bereitet, dazu gibt es Rösti. Innere Stadt • Schauplatzgasse 16 • Bus, Tram: Bärenplatz • Tel. 0 31/3 11 21 42 • www.della-casa. ch • Mo–Sa 10.30–23.30 Uhr • €€

---

geiz entwickelt Daniel Schmidt beim Wiener Schnitzel. Diese sollen die besten und größten der Stadt sein. Innere Stadt • Münstergasse 54 • Bus, Tram: Zytglogge • Tel. 0 31/3 11 37 68 • www.froh-sinn.ch • Mo–Fr 10–23.30, Sa 9–15 Uhr • €€

Harmonie   ▶ Klappe vorne, c 3

Legendäre Beiz • Wer nach dem besten Fondue in Bern fragt, bekommt drei, vier Restaurants genannt – die Harmonie ist mit Sicherheit darunter. Seit 1915 ist das Altstadt-Restaurant an der Ecke zur Münstergasse in Familienbesitz. Seitdem hat sich an der Einrichtung allen Ernstes nicht allzu viel geändert. Fritz Gyger bekam 2008 den Jost-Hartmann-Preis verliehen, mit dem die Berner Denkmalpfleger jene Eigentümer belohnen, die ihre Häuser besonders sorgfältig renovieren. Er ließ etwa die Ölfarben erneuern, die den Charakter des Lokals betonen. Tische, Stühle, Fenster, Türen – alles so, wie es Großvater Fritz einrichtete und Vater Fritz beibehielt. Wahrscheinlich riecht es auch so wie vor bald 100 Jahren – nach geschmolzenem Käse, Greyerzer und Vacherin, vielleicht aber auch Appenzeller, Emmentaler oder Ziger, so genau erfährt man dies nicht, der inoffizielle Titel »bestes Fondue der Stadt« ist heiß begehrt. Auf dem neuesten Stand ist die Küchenausstattung, mit der Kutteln à la mode du Patron zubereitet werden. »Nach Art des Chefs« heißt, die Innereien mit Käse zu überbacken und Rösti beizulegen. Im Herbst wird die Saisonkarte mit Rehpfeffer nach Jägerart besetzt, der Cheeseburger hält kanadisches Bison-Fleisch zwischen den Brötchenhälften. Walter Aebischer, Mitbesitzer und Herr im Kü-

Im Della Casa (▶ MERIAN-Tipp, S. 22) in der Nachbarschaft des Bundeshauses stehen trotz des italienischen Namens typische Schweizer Gerichte auf der Speisekarte.

chenring, hat aber noch andere Spezialitäten auf der Pfanne: Rindsfilet, Steak Tartare oder grilliertes Kalbspaillard seien hier genannt.

Das Fondue gibt es in vielerlei Varianten – aber das Fondue Classique ist dasjenige, welches dem Ruf des Hauses vorauseilt. Dazu gibt es »Gschwellti« (Pellkartoffeln), Silberzwiebeln und Cornichons.

Innere Stadt • Hotelgasse 3 • Bus, Tram: Zytglogge • Tel. 0 31/3 13 11 41 • www. harmonie.ch • Mo–Fr 8–23.30 Uhr • €€

INTERNATIONAL

Mille Sens ▶ Klappe vorne, a 3

Gänge nach Gusto • Die Markthalle am Bahnhof ist so etwas wie der kulinarische Sammelplatz der Stadt: Asiatisches aus dem Wok, leicht Zubereitetes aus der japanischen und indischen Küche sowie die scheinbar allgegenwärtigen spanische Tapas. Das Mille Sens serviert »authenti-

sche und ethisch vertretbare Lebensmittel« und versteht darunter nachhaltig produzierte Ware, gerne aus heimischen Gefilden.

Vom klassischen Menükonzept ist Gastgeber Urs Messerli abgekommen. Zur Mittagszeit dürfen sich die Gäste ihre vier Gänge nach Gusto selbst zusammenstellen. Die Abendkarte wartet dann mit interessanten Kompositionen auf, die Feinschmeckern einen Versuch wert sein könnten: etwa das Sauerkraut-Gemüsekompott mit Baconbits, Apfelwein, Preiselbeeren und Rahm.

Die Maispoulardenbrust findet sich auf dem Teller neben Gemüsetimbale (einer Pastete), Fontina-Käse und Rosmarinjus wieder. Auch Vegetarier haben die Wahl: Pasta mit Kartoffel, Kumquats, Schwarzwurzel, Vanille und Rosmarinemulsion oder lieber das Gemüsecurry mit Cashew nuts und Green-Curry-Schaum?

Selbstverständlich bietet das Mille Sens auch den passenden Tropfen zum Vergnügen. Die Weinkarte umfasst zwölf Seiten – da lässt man sich doch gerne vom Service beraten. Länggasse-Felsenau • Bubenbergplatz 9 (Markthalle) • Bus, Tram: Bern Bahnhof • Tel. 0 31/3 29 29 29 • www.millesens.ch • Mo–Do 11–23.30, Fr, Sa 11–0.30 Uhr • €€€

Wein & Sein   ▶ Klappe vorne, c 3

Jeden Abend neu • Lassen Sie sich überraschen: Auf Speisekarten hat Inhaber und Koch Beat Blum komplett verzichtet. Wozu auch? Er zaubert jeden Abend ausschließlich ein einziges viergängiges Menü auf den Tisch. In seinem kleinen Kellergewölbe mit den zwei Räumen ist nicht Platz für viele Gäste: Fast familiär scheint die Atmosphäre – das erleichtert das »Sein«. Und den »Wein« kann man sich flaschenweise an der klimatisierten Wand aussuchen oder vom Service empfehlen lassen. Innere Stadt • Münstergasse 50 • Bus, Tram: Zytglogge • Tel. 0 31/3 11 98 44 • www.weinundsein.ch • Di–Sa 18–24 Uhr • €€€

Cinématte   ▶ Klappe vorne, e 4

Mehr als Kino • Berns Filmfreunde treffen sich im Cinématte. Unterhalb der Nydeggbrücke führt eine Treppe in das Matte-Quartier und nach wenigen Metern zum Kino am Aare-Ufer. Doch ein Besuch lohnt sich auch, ohne vor der Leinwand Platz zu nehmen. Im Vordertrakt der kleinen Halle lockt eine Bar zu Tapas und Cocktails. Im Restaurant stellt Wirt Christian Lutz ausgesuchte, laufend wechselnde Rezepte zusammen, getreu dem Motto »weniger ist mehr«. Meist zieren nur drei Vorspeisen und drei Hauptgerichte die Karte, inspiriert von mediterranen Einflüssen. So kann der Gast etwa orientalisches Gemüseragout mit Kichererbsen, Couscous mit schwarzen Oliven und Pomodori Secchi wählen. Alternativ bieten sich ein gebratenes Schollenfilet mit Pfifferling-Thymianragout oder Hühnchenschenkel mit Safransauce, serviert mit neuen Kartoffeln und im Olivenöl geschmorten Bohnen, an. Da fällt es auch bei lediglich drei Gerichten schwer, sich zu entscheiden. Vielleicht sollte man doch zum viergängigen Menü greifen … Innere Stadt • Wasserwerkgasse 7 • Bus: Nydegg, Mühlenplatz • Tel. 0 31/3 12 21 22 • www.cinematte.ch • Mo 18–23.30, Do 18–23.30, Fr, Sa 18–0.30, So 18–23.30 Uhr • €€

Klötzlikeller   ▶ Klappe vorne, d 3

Ab in den Keller • 1635 wird der Klötzlikeller erstmals in der Stadtchronik erwähnt, freilich noch unter anderem Namen. Jahrhundertelang berauschten sich hier, in einer von rund 200 Berner Weinstuben, Gäste an hochprozentigen Traubensäften. Doch schon vor rund 130 Jahren, als der Konditor Klötzli das Haus erwarb, war er Eigentümer der letzten Berner Weinstube. Bis heute hat sich dieses Etikett bewahrt – doch geben auch Florenzia und Beat Trüb, die jetzigen Pächter, zu, dass sich der Klötzlikeller längst zu einem anerkannten Restaurant entwickelt hat, das natürlich eine respektable Weinkarte aufzuweisen weiß. Beispielsweise kann man hier einen Schafiser Ville de Berne genießen vom Rebgut der Stadt am Bielersee.
Die Küche – international orientiert – bietet, wie in Frankreich, Consommé mit Sherry und Croûtons an und

grillt – ganz ungarisch – die Hähnchenfilets an Cognac. Teigtaschen werden mit Spinat und Ricotta gefüllt und mit Rahmsauce verfeinert. Doch ohne lokale Spezialitäten wäre keine Berner Speisekarte perfekt: Das »Chlödu«, wie das kleine, rustikale Kellerlokal bei Einheimischen heißt, offeriert selbstredend auch Kalbsleberli, Nüsslisalat mit Speck, Ei und Croûtons, Fondue und Berner Platte. Innere Stadt • Gerechtigkeitsgasse 62 • Bus: Rathaus • Tel. 0 31/3 11 74 56 • www.kloetzlikeller.ch • Sommer Di–Sa 16–24, Winter Mo–Sa 17–24 Uhr • €€

Zum Äußeren Stand

▸ Klappe vorne, b 3

Stolz auf Tradition • Der Äußere Stand war im 18. Jh. eine politische Schule, in der junge Berner Bürger aus den Patrizierfamilien die Regierungspraxis übten. Ihr Aufbau entsprach exakt der Organisation der richtigen Staatsverwaltung, sodass Wahlen, Rechtsprechung oder Verwaltung geübt werden konnten. Mit dem Einmarsch der napoleonischen Truppen im Jahr 1798 wurde dieser Schattenstaat aufgelöst. Auch später schrieb das Haus Geschichte: Hier wurde von 1831 bis 1848 die Kantonsverfassung erarbeitet und 1874 der Weltpostverein gegründet, der bis heute Regeln für den grenzüberschreitenden Postverkehr erarbeitet. Die Tradition des Restaurants ist also relativ kurz, erst in den Achtzigerjahren etablierte sich hier die Gastronomie. Spezialität des Hauses sind Fisch und Meeresfrüchte. Das Steinbuttfilet mit Rieslingschaum findet sich ebenso auf der Karte wie das Duett von gebratenem Bärenkrebs und Jakobsmuschel im Wan-Tan-Teig mit Passionsfruchtsauce. Dazu

wird schwarzer Risotto und Stangensellerie serviert. Der Küchenchef empfiehlt den »Tagesfisch«, von dessen Zubereitung man sich überraschen lassen darf. Vielversprechend klingen auch das Beefsteak-Tartar mit Calvados, Cognac oder Whisky zu Toast und Butter oder das »Dämpfte Uhu« – geschnetzeltes und gedünstetes Kalbfleisch mit Zitronen-Petersilien-Sauce und Butterrösti. Innere Stadt • Zeughausgasse 17 • Bus, Tram: Zytglogge • Tel. 0 31/3 29 50 50 • www.aeussererstand.ch • Mo–Sa 9–23 Uhr (Juli–Aug. 9–17 Uhr) • €€

ITALIENISCH
Kornhauskeller ⭐

▸ Klappe vorne, c 3

Opulente Atmosphäre • Eine der atmosphärisch ansprechendsten gastronomischen Räumlichkeiten bietet der Kornhauskeller. Früher lagerten die Berner hier die Weine des Waadtlandes und des Bielersees. 1893 wurde das Untergeschoss in ein Festlokal umgewandelt. So entstand die Holzgalerie, die heute als Bar und Lounge (mit eigener Zigarrenkarte) fungiert, dazu die charakteristische breite Treppe, die in den Gewölberaum führt. Ein riesiges vergoldetes Fass erinnert dort an die Vergangenheit des Kellers. Die kunstvollen Wandbemalungen stammen ebenfalls aus dem Ende des 19. Jh. Sie zeigen Wappen des Kantons Bern sowie Sinnsprüche des Berner Mundart-Schriftstellers Otto von Greyerz. Die zwölf Pfeiler wurden mit bernischen Frauentrachten verziert, in den Bogenwickeln sind 31 Musikanten in Trachten der Renaissance dargestellt. Rudolf Münger, der Künstler, baute auch mythologische Gestalten ein: Drachen, Nixen, Kornengel, den Mann im Mond.

Wer bei diesem opulenten Augenschmaus noch Zeit findet, einen Blick in die Speisekarte zu werfen, sieht die Handschrift der italienischen Küche gepaart mit Klassikern der Schweizer Kochkunst. Die Fischsuppe wird mit Safran, Lauch und Tomaten verfeinert, die Triangoli an Salbeibutter sind mit Ricotta und Spinat gefüllt. Zu den »Kornhaus-Lieblingen« zählen Berner Platte, Chalbsläberli (Geschnetzelte Kalbsleber) mit Zwiebeln und Kräutern, Rösti oder gebratenes Lammnüssli mit Pistazienkruste, Risotto, Zucchini und Tomaten. Die Weinkarte verzeichnet edle Tropfen vom eigenen Gut in der Toskana.
Innere Stadt • Kornhausplatz 18 • Bus, Tram: Zytglogge • Tel. 0 31/3 27 72 72 • www.bindella.ch • Mo–Sa 11.45–14.30, 18–0.30, So 18–23.30 Uhr (im Winter auch mittags geöffnet) • Bar: Sommer Mo–Mi 18–1, Do–Sa 18–2, So 18–0.30, Winter Mo–Mi 17–1, Do–Sa 17–2, So 17–0.30 Uhr • €€

Lorenzini
▸ Klappe vorne, c 3

Sehen und gesehen werden • Das Lorenzini genießt einen bemerkenswerten Ruf, und so richtig weiß niemand, warum. 1973 eröffneten drei Werbeberater das Haus im Stil toskanischer Restaurants. 1990 zog es an den heutigen Standort, und seither stehen noch drei Salons und eine Terrasse zur Verfügung. Später wurde der benachbarte Gourmettreff **Du Théâtre** (▸ MERIAN-Tipp, S. 45) in das Konzept integriert und zum Loungeclub umgebaut, bekannt für seine Parties. Das Lorenzini ist mittlerweile einer der bestbesuchten Italiener der Stadt, der – wie die Lokalpresse weiß – einen hohen Promifaktor aufweist.
Zur schönen Jahreszeit liegt der perfekte Ort im idyllischen Innenhof des Ristorante. Im Winter bahnt man sich den Weg durch die Enoteca in den ersten Stock und findet einen Platz mit Blick auf das Münster. Die Küche nimmt sich die toskanische

Zahlreiche Verdi-Requisiten zieren das gleichnamige Lokal (▸ S. 27), das sich der traditionellen italienischen Tafelkultur der Emilia Romagna verschrieben hat.

Cucina zum Vorbild. Frische Pasta, kräftiger Risotto und typische Antipasti – und natürlich eine Auswahl von den beliebtesten Original-Gerichten aus Italiens Schlaraffenland. Innere Stadt • Hotelgasse 10 • Bus, Tram: Zytglogge • Tel. 0 31/3 18 50 67 • www.lorenzini.ch • tgl. 11.45–14, 18–23.30, Do–Sa bis 0.30 Uhr • €€

Verdi ▸ Klappe vorne, d 3

Dinieren am Kamin • Loderndes Kaminfeuer, offenes Mauerwerk, frei gelegte Stützbalken, eine angenehme Ausleuchtung. Die Bindella-Gruppe, die in Bern auch den Kornhauskeller bewirtet, versteht sich auf Dinieren im angenehmen Umfeld. Wie der Namensgeber des Ristorante vermuten lässt, wird hier italienisch gekocht. Rindscarpaccio mit Olivenöl und Parmesan oder eine Crevettensuppe mit Weißwein könnten die Vorspeise bilden. Für die Secondi piatti bieten sich ein Rindsentrecôte mit Rucola und Parmesan an oder eine Tranche vom Thunfisch mit Zitrone und gedämpftem Lauch. Die Dessertkarte verspricht Nusstorte mit einem Glas Moscato d'Asti oder ein Zitronensorbet mit Limoncello. Innere Stadt • Gerechtigkeitsgasse 7 • Bus: Nydegg • Tel. 0 31/312 63 68 • www.bindella.ch • Bus: Nydegg • Mo–So 11–23.30 Uhr • €€

MEDITERRAN

Meridiano ▸ Klappe vorne, c 2

Mediterran und anspruchsvoll • Der Kursaal Bern, respektive die Gastronomie im Hotel Allegro, hat sich in den letzten Jahren zum kulinarischen Mittelpunkt der Bundesstadt entwickelt. Mehrere Restaurants bieten italienische, asiatische und mediterrane Gaumengenüsse an, allen vo-

ran das Meridiano, von Gault Millau und Michelin hoch dekoriert. Die Terrassen des Allegro Hotels bieten bei schönem Wetter einen exklusiven Aussichtsplatz auf die Berner Alpen – vor allem im sechsten Stockwerk des Meridiano. Zum Schlem-

Im Glaspavillon des Restaurants Schöngrün (▶ S. 28) im Zentrum Paul Klee empfängt das Team um Küchenchef Werner Rothen seine Gäste mit Spitzengastronomie.

men verführen Scampis aus Südafrika, kurz angebraten und abgesetzt auf einer bittersüßen Mousseline. Das sautierte Kalbsfilet mit Lardo (Speck) wird von Bärlauchpesto und frischen Eierschwämmli begleitet. Breitenrain-Lorraine • Kornhausstr. 3 • Bus, Tram: Kursaal • Tel. 0 31/3 39 52 45 • www.kursaal-bern.ch • Di–Fr 11.30–14, 18–22, Sa 18–22 Uhr • €€€€

Schöngrün   ▶ S. 115, E 3

Kunst trifft Küche • Im Zentrum Paul Klee genießt man nicht nur die Werke des weltbekannten Malers – im Haus vollführt auch ein Küchenmaestro seine Künste, von denen sich andere eine Scheibe abschneiden könnten: Werner Rothen erkor das Restaurant am Nordeingang der Ausstellungshallen dank kreativer Speisen und guter Bewertung im Gault Millau (17 Punkte) zum Ziel der Gourmetjünger. Rothens Gäste finden sich in einer denkmalgeschützten Villa ein, die einstmals wohl als Sommersitz des Berner Patriziats diente. Renzo Piano, der Architekt der spektakulären Ausstellungshallen, erweiterte das Haus um ein gut belüftetes Gewächshaus, das jeder unter dem Namen Glaspavillon kennt. Als Vorspeise lockt »Ei Fabergé« – Rauchlachs mit Nüsslisalat und Speck-Vinaigrette. Das Lamm wird mit Eukalyptus, Erdnuss, weißen Bohnen und Kefir-Limette angemacht. Der Loup de Mer zeigt sich mit Karottenschaum und Fenchel-Pesto. Kirchenfeld-Schosshalde • Monument im Fruchtland 3 • Bus: Zentrum Paul Klee, Tram: Ostring • Tel. 0 31/3 59 02 90 • www.restaurant-schoengruen. ch • Mi–So 11.30 –23.30 Uhr • €€€€

Café Postgasse ▶ Klappe vorne, d 3

Klein und fein • Wer Passanten nach dem Café Postgasse fragt, sollte sich nicht missverstanden fühlen, wenn

er als Antwort »ds Poschtgässli« bekommt. Die Gasse scheint eins mit der Altstadt-Beiz zu sein. Besonders attraktiv sind die Plätze unter den Lauben. Der Blick ins Innere täuscht: So klein, wie die acht Tische vorgeben, ist das Lokal nicht. Das Café-Restaurant verfügt über einen Nebenraum – im Jugendstil gehalten –, der die Gäste auf die Aare blicken lässt. Die Küche ist bekannt für ihre Fischspezialitäten. Stephan Hofmann bereitet die Miesmuscheln immer »à la marinière« zu – anders, so gestand er dem Migros-Magazin, könne er es auch gar nicht. Was kein Manko ist: Bern schwört auf seine »Moules«.
Innere Stadt • Postgasse 48 • Bus: Nydegg • Tel. 0 31/3 11 60 44 • www. cafepostgasse.ch • Mi–Sa ab 10, Di ab 17 Uhr • €

Kleine Schanze ▸ Klappe vorne, a 4

Genießen im Grünen • Ein kleiner Park, nicht weit von Bundeshaus und Marzilibahn, verführt zu süßem Nichtstun. Für Urlauber kein Problem, aber es erstaunt, wie viele Berner sich hier tummeln. Sie mögen ihre Mittagspause genießen, den Aperó oder auch das Denkmal des Weltpostvereins. Vielleicht ist aber auch Donnerstag. Dann heißt das Motto »Anzug gegen Sonnenbrille und Krawatte gegen Cocktail« – und es ist Partytime im Park Kleine Schanze. Im Pavillon-Restaurant, umgeben von viel Grün, macht fast schon die Umgebung satt. Diese Glücksmomente halten nur kurzzeitig vor, der Bauch meldet sich alsbald zurück. Der Koch verschreibt dagegen Hühnchenbrust mit Zitronengras, Chili, Frühlingszwiebeln und Sojasprossen, Pasta mit Eierschwämmli-Carbonara, im Bierteig gebackene

Fischfilets oder rustikale Country fries mit Ketchup oder Mayonnaise.
Innere Stadt • Bundesgasse 7 • Bus: Bundesplatz • Tel. 0 31/3 11 23 04 • www.kleineschanze.ch • tgl. 10–24 Uhr (bei schönem Wetter) • €

MERIAN-Tipp 4

ROSENGARTEN ▸ S. 117, E 4

Der Rosengarten (▸ S. 72) ist für seine herrlichen Aussichtspunkte bekannt. Dank der großen Fensterfront kann man im gleichnamigen Restaurant auf die Altstadt blicken und bei gutem Wetter sogar die Voralpen erkennen. Der Pavillon stammt aus den Fünfzigerjahren, das Inventar dagegen ist zeitgemäß und reduziert auf das Wesentliche. 2005 komplett renoviert, haben sich die neuen Pächter von schwerem Holzdekor und dem Mief der Gründerjahre verabschiedet. Im Sommer ist das nicht so wichtig: Da spielt sich das gastronomische Leben im Rosengarten draußen ab. Der Küchenchef wagt den Spagat zwischen mediterranen Gerichten und leichten Zutaten hier sowie den Ansprüchen des bürgerlichen Publikums dort. Die Salsiccia als Bratwurst vom Schwein wird mit Safranrisotto und Blattspinat angeboten. Kalbspaillards, sehr dünn geklopfte Schnitzelchen, verfeinert der Koch mit Parmesan, Rucola, Olivenöl, frischen Waldpilzen – und garniert sie mit Pommes frites.
Kirchenfeld-Schosshalde • Alter Aargauerstalden 31 b • Bus: Rosengarten, Bärengraben • Tel. 0 31/3 31 32 06 • www. rosengarten.be • €€

SCHWEIZERISCH
Casino Relais & Ratsstube
▶ Klappe vorne, c 4

Modern und traditionell • Das alt-ehrwürdige Casino an der Kirchen-feldbrücke ist eine Berner Institution. 1909 als kultureller Veranstaltungs-ort mit Restaurants und Cafés eröff-net, erfüllt es seine Bestimmung bis heute. Im Casino-Restaurant genießt man den unverbauten Blick auf die Aare und das Historische Museum sowie die mediterranen Speisen von Küchenchef Pascal Grütter. Im Som-mer serviert er auch auf der Terrasse. 2008 öffnete im selben Haus das Ca-sino Relais seine Pforten. Komplett renoviert ersetzte es die rustikale Bier-quelle, die 70 Jahre lang die Gäste empfing. Der vordere Bereich wurde als einladende Lounge gestaltet, mit modernen und breiten Sitzmöbeln. An den Tischen verheißt die Speise-karte Köstlichkeiten wie Lauchcurry mit in Cornflakes paniertem Heil-butt und weißem Reis oder Pappar-delle mit delikater leichter Rahmsau-ce und frisch gehobelten Trüffeln.

Einen ebenso überraschenden wie sehenswerten Kontrast zum moder-nen Ambiente eröffnet der Neben-raum: Die denkmalgeschützte Rats-stube wurde behutsam restauriert, die Nischen der Bierquelle haben ebenso überlebt wie die Holzvertäfe-lungen. An den Fensterplätzen kann man bei einem Gläschen Chardon-nay einen Blick auf die Passanten auf der Kirchenfeldbrücke und die sanf-te Biegung der Aare werfen.

Innere Stadt • Herrengasse 25 • Bus, Tram: Zytglogge • Tel. 0 31/3 28 03 28 • www.casinobern.ch • Relais Mo–Sa 7.30–23.30, So 10–18.30, Ratsstube Di–Sa 11.30–14, 18–23.30 Uhr • €€

Lötschberg
▶ Klappe vorne, b 3

Modernes Ambiente • Das Lötsch-berg widmet sich den kulinarischen Errungenschaften der Eidgenossen.

Im Sommer spielt sich das gastronomische Leben im Rosengarten (▶ MERIAN-Tipp, S. 29) im Freien ab. Dann erkennt man bei gutem Wetter sogar die Voralpen.

Es gehört einigen Schweizer Weinbauern, die 2007 hier ihr gründlich renoviertes Restaurant eröffneten. Im nur wenige Meter breiten, aber dafür langen Raum isst man Zürigschnätzletzs mit Rösti oder Schweinskotelett Walliser Art. Dem Salat mit Waadtländer Tomme, einer Käsespezialität, sind geröstete und karamellisierte Haselnüsse beigemischt, serviert wird er auf geröstetem Brot an einer Nussöl-Vinaigrette. Einflüsse aus dem Wallis bestimmen die Karte. Weinfreunde kommen jeden Donnerstag auf ihre Kosten: Von 19 bis 21 Uhr wird fröhlich degustiert. Da die Eigentümer Winzer sind, dürfte die Getränkekarte auch für Kenner noch einige Überraschungen bergen. Innere Stadt • Zeughausgasse 16 • Bus, Tram: Bärenplatz • Tel. 0 31/3 11 34 55 • www.loetschberg-aoc.ch • Mo–Do 9–24, Fr, Sa 9–1.30, So 11–23 Uhr • €€

Ratskeller ▸ Klappe vorne, d 3

Ein Klassiker • Der Ratskeller zählt zu den alteingesessenen Klassikern der Berner Gastroszene. Gediegenes, dennoch modernes Interieur, weiß gedeckte Tische vor ebenso getünchten Wänden, Landschaftgemälde als Blickfang. Als Spezialität weist das Personal das »Ratsherrenpfännchen« aus, in dem Rinds- und Schweinemedaillons mit Käsespätzli, Blattspinat und Pilzragout zubereitet werden. Auch die übrige Speisekarte lässt Freunden von Fleisch das Wasser im Mund zusammenlaufen: Geflügel, Kalb, Rind und Lamm sowie im Herbst Wild. Doch Fleischgerichte sind nicht überall gleich zubereitet. Gerade im Ratskeller gibt es einiges zu entdecken. Das Kalbssteak wird mit Äpfeln an einer Calvadossauce

verfeinert, das Schweinefilet kann wahlweise mit einer Gorgonzola- oder einer Senfsauce geordert werden. Das Lamm bietet der Ratskeller als Gigot (Keule) mit Thymian, als Karree mit Dijon-Senf, als Kotelett mit Knoblauchpüree gratiniert oder in der Schweizer Variante als »Emmentaler Lammvoressen«: Das meist gewürfelte Fleisch schmort in einer aromatischen Sauce aus Zwiebeln, Nelken, Muskat, Wein. Das Besondere: zuletzt wird Safran hinzugegeben. Innere Stadt • Gerechtigkeitsgasse 81 • Bus: Rathaus • Tel. 0 31/3 11 17 71 • www.platingastro.ch • Mo–Sa ab 9, So ab 10 Uhr • €€

Zunft zu Webern ▸ Klappe vorne, d 3

Gediegen und modern • 1911 bezog der Verband der Weber, Färber, Tuch- und Hutmacher sein Zunfthaus mitsamt Bewirtungsbetrieb in der Gerechtigkeitsgasse. Seit damals werden hier zünftige Speisen angeboten, bei denen viel Wert auf marktfrische Zutaten von Biohöfen und Fleisch aus kontrollierten Betrieben gelegt wird. Daraus kombiniert die Küche Hacktätschli mit Kartoffelstock und Salat oder Rindskutteln an Tomatensauce und Salzkartoffeln, wahlweise mit oder ohne Kümmel. Der Dielenboden verleiht dem Lokal wohlige Heimligkeit, die Wände dienen ab und an als Ausstellungsfläche, z. B. für moderne Fotografien.
Im Souterrain öffnet mittwochs bis samstags ab 18 Uhr der **Wäbere-Chäller**, in dem man bei uriger Gewölbekeller, in dem man bei Kerzenschein Fondue oder Fleisch auf heißem Stein ordert. Innere Stadt • Gerechtigkeitsgasse 68 • Bus: Rathaus • Tel. 0 31/3 11 42 58 • www.restwebern.ch • Mo–Sa 11–0.30 Uhr • €€

grüner
reisen

Wer zu Hause umweltbewusst lebt, möchte dies vielleicht auch im Urlaub tun. Mit unseren Empfehlungen im Kapitel grüner reisen wollen wir Ihnen helfen, Ihre »grünen« Ideale an Ihrem Urlaubsort zu verwirklichen und Menschen zu unterstützen, denen ein verantwortungsvoller Umgang mit der Natur am Herzen liegt.

Grüne Ideale auf dem Vormarsch

Als die Vatterland AG bekannt gab, dass sie den Bio-Supermarkt an der Spitalgasse schließen wird, ging ein Raunen durch die Stadt. Vatters »logischer Supermarkt« war der Erste seiner Art in der Schweiz und mit seinen 18 Jahren gerade erst erwachsen geworden in einer Branche, der ein schier unbegrenztes Wachstum sicher schien. Die Öko-Revolution frisst ihre Kinder: Der wachsende Bio-Markt rief bei den Platzhirschen der Lebensmittelhändler, bei Migros und Coop, Begehrlichkeiten hervor. Im großen Stil und zu günstigen Preisen haben die Riesen inzwischen Marktanteil um Marktanteil zurückgewonnen und Vatter schließlich zur Aufgabe gezwungen.

Auch auf anderen Gebieten haben sich grüne Ideale in der eher konservativ geprägten Schweiz durchgesetzt: Dem Stade de Suisse, Nachfolgebau des legendären Wankdorf-Stadions, das 1954 Schauplatz des legendären 3:2-Finalsiegs von Deutschland über Ungarn war, wurde im Dach ein Sonnenkraftwerk implementiert, das ausreichend Energie produziert, um 350 Vier-Personen-Haushalte dauerhaft zu versorgen. So bezieht beispielsweise das jährliche Gurtenfestival seinen gesamten Strom von dieser Anlage.

ÜBERNACHTEN
Holiday Inn Bern Westside
▶ S. 114, A 3

Als das Holiday Inn 2008 eröffnete, war das öffentliche Interesse enorm. Schließlich ist das Hotel Teil des spektakulären Einkaufszentrums Westside (▶ S. 38), das US-Architekt Daniel Libeskind entwarf. So steht die Herberge nahezu konkurrenzlos da, was kurze Wege zu Einkaufsmöglichkeiten oder Wellnesseinrichtungen betrifft. Konkurrenzlos im Mutterhaus ist auch das Öko-Konzept: Das Hotel wurde entsprechend des Minergie-Standards konstruiert. Das ist eine Schweizer Energie-Referenz, die in etwa den Kategorien für Niedrigenergiehäuser entspricht.

Das Holiday Inn liegt im Neubaugebiet Bern-Brünnen, etwa 10 km vom Stadtkern entfernt. Mit öffentlichen Verkehrsmitteln ist man in etwa 8 Min. im Zentrum. Die Zimmer sind minimalistisch eingerichtet, bei der Besichtigung hing nicht einmal ein Bild an der Wand. Dafür versüßen kleine Annehmlichkeiten wie Bademantel und -schlappen oder ein Teekocher das Dasein.

Bümpliz-Oberbottigen • Riedbachstr. 96 • Bus, S-Bahn: Brünnen-Bahnhof • Tel. 0 31/9 85 24 00 • www.holidayinn.de • 144 Zimmer • ♿ • 🐾 • €€€

Best Western Swiss Hotels
▶ Klappe vorne, b 3

Beatrice & Hannes Imboden-Engler sind Gastgeber in den Best Western Hotels Bären und Bristol. Die Häuser liegen direkt nebeneinander und unterscheiden sich in Schlüsselmerkmalen überhaupt nicht: Business-Standard mit WLAN und Fitnessangeboten. Gemeinsam haben sie sich das Klimaschutzlabel der Energie-Agentur der Wirtschaft ans Revers geheftet. Diese Organisation der Wirtschaftsverbände analysiert das Energie-Effizienzpotenzial eines Unternehmens und schlägt Verbesserungen vor. Jährlich misst man die Bilanz und vergibt – bei Einhaltung des Sparpotenzials – das Label.

– Best Western Hotel Bären • Innere Stadt • Schauplatzgasse 4 • Bus, Tram: Bärenplatz • Tel. 0 31/3 11 33 67 • www.baerenbern.ch • 57 Zimmer • 🐾 • €€€

– Best Western Hotel Bristol • Innere Stadt • Schauplatzgasse 10 • Bus, Tram: Bärenplatz • Tel. 0 31/3 11 01 01 • www.bristolbern.ch • 92 Zimmer • 🐾 • €€€

ESSEN UND TRINKEN
3dosha ayurveda
▶ S. 117, D 3

Sharmila und Suresh Satkunam haben sich der ayurvedischen Ernährungslehre verschrieben. Jeden Mittag bieten sie in ihrem in freundlichen Farben gehaltenen Restaurant im Spitalacker ein vegetarisches Büfett, abends gibt es indische Reistafel und verschiedene Gerichte je nach Saison. Übrigens organisiert das Familienunternehmen auch ayurvedische Ferien: Da bucht der Gast ein Arrangement mit täglicher ayurvedischer Massage (im Vatterland am Bärenplatz) plus Mittag- oder Abendessen im 3dosha – damit die Lebensenergien Vata, Pitta und Kapha wieder ins Gleichgewicht kommen.

Breitenrain-Lorraine • Moserstr. 25 • Tram: Spitalacker • Tel. 0 31/3 31 13 73 • www.3dosha-ayurveda.ch • Mo-Fr 11–14.30, 17.30–22 Uhr

Fischerstübli
▶ Klappe vorne, e 3

Eine der charmantesten Beizen der Stadt liegt im ehemaligen Hafenviertel am Matte-Bach. Die Geschichte des Hauses greift nahezu 400 Jahre zurück. Damals versorgte der Bach Mühlen, Werkstätten und Waschhäuschen, sei-

ne Fischgründe ernährten viele Berner Familien. Diese Spur von Mittelalterromantik weht durch das Fischerstübli. Der angrenzende Mühlenplatz und die schöne Terrasse erinnern ein wenig an eine mediterrane Piazza. Das Ambiente spiegelt sich auch in der Karte wider: Pouletbruststreifen mit Limetten, pikante Curries mit Basmatireis und natürlich einige Fischgerichte versprechen leichte und bekömmliche Kost.
Innere Stadt • Gerberngasse 41 • Bus: Nydegg • Tel. 0 31/3 11 53 67 • www.fischerstuebli.com • Mo–Fr 11.30–23.30/0.30, Sa, So 18–23.30/0.30 Uhr (Okt.–April So geschl.)

Gourmanderie Moléson
▶ Klappe vorne, b 3

Jedes Jahr unternimmt das Moléson-Team eine lukullische Entdeckungsreise in andere Länder. Was dabei gefällt, erhält Einzug in den Speiseplan der Gourmanderie in der Aarbergergasse. Aus dem Elsass brachten Bernhard & Sue Hüsser etwa Tartes flambées, die Flammkuchen, mit, aus Paris Joue de bœuf braisée – butterweiche Rinderbacken – und aus London asiatische Gerichte mit leicht europäischer Note. »Knorr und Maggi«, versichern die Macher, »haben in diesem Haus keine Chance«. Alles ist frisch, die Desserts sind hausgemacht, das Fleisch stammt von Tieren aus artgerechter Haltung.
Innere Stadt • Aarbergergasse 24 • Bus, Tram: Bärenplatz, Bus: Bollwerk • Tel. 0 31/3 11 44 63 • Mo–Fr 11.30–14.30, 18–23.30, Sa 18–23.30 Uhr

Restaurant-Bar Du Nord
▶ Klappe vorne, b 1

Im reizenden Eckhäuschen mit dem markanten Turm bietet ein junges, engagiertes Team seinen Gästen marktfrische und saisonale Küche. Fleisch-

gerichte sind nicht tabu, den meisten Platz auf der Karte nehmen aber Salate und vegetarische Speisen ein. An lauen Sommerabenden kann man den Tag entspannt bei einem Glas Wein auf den Außenplätzen ausklingen lassen.
Breitenrain-Lorraine • Lorrainestr. 2 • Bus: Gewerbeschule • Tel. 0 31/3 32 90 90 • www.dunord-bern.ch • Mo–Mi 8–23.30, Do, Fr 8–0.30, Sa 18–23.30 Uhr (Mai–Sept. Sa geschl.)

EINKAUFEN

Hallerladen
▶ S. 114, C 2

Der Hallerladen im Westen der Stadt ist mittlerweile der renommierteste Biomarkt Berns. Das genossenschaftlich geführte Fachgeschäft lockt seine Kunden mit einem großen Angebot an Käse und verschiedenen Biobroten sowie Backwaren. Die Tiere, von denen Wurst und Fleisch stammen, sind selbstverständlich artgerecht gehalten und nach biologischen Richtlinien aufgezogen. Neben Lebensmitteln handelt der Hallerladen auch mit Kosmetika sowie Hygiene- und Haushaltsartikeln.
Länggasse-Felsenau • Länggassstr. 30 • Bus: Unitobler • Tel. 0 31/3 02 01 24 • www.hallerladen.ch • Mo–Do 7.30–19, Fr 7.30–21, Sa 8–16 Uhr

Nordring Fair Trade
▶ Klappe vorne, b 1

Nachhaltigkeit, faire Bezahlung, keine Chemie: Wer bei der Kleiderwahl auch ethische und ökologische Aspekte berücksichtigt, kauft bei Nordring Fair Trade ein. Marken wie Armed Angels, Bergspitz, Ibex oder Kuyichi beweisen seit Jahren, dass Ökokleidung topmodern und modisch schick sein kann.
Breitenrain-Lorraine • Lorrainestr. 4 • Bus: Gewerbeschule • Tel. 0 31/3 31 90 53 • www.nordring.be • Di–Fr 10–13.30, 14.30–18.30, Sa 10–16 Uhr

Piazza-Stimmung auf der Terrasse des Fischerstübli (▸ S. 33) im Matte-Quartier direkt an der Aare. Auf den Tisch kommen ausschließlich ökologisch geprüfte Produkte.

Vatter Nature-à-Porter

▸ Klappe vorne, b 3

Wer sich hier einkleidet, muss sich um die Herkunft der Waren, die Arbeitsbedingungen, unter denen sie hergestellt wurden, und die ökologische Verträglichkeit der Stoffe keine Sorgen machen. Vatter garantiert, dass das Garn aus Naturmaterialien besteht, die eingesetzten Farbstoffe unbedenklich und Knöpfe sowie Reißverschlüsse frei von Nickel sind. Darauf darf man vertrauen, denn die Eigentümerfamilie hat sich bereits mit dem ersten Bio-Supermarkt der Schweiz einen Namen in Sachen ökologischer Korrektheit gemacht. Ob die rund zehn Labels, die das Geschäft führt, auch den modischen Geschmack der Klientel treffen, ist ähnlich individuell wie bei der Mode von Zara oder C & A. Aber eins ist gewiss: Vatter legt Wert auf Exklusivität und hat oft nur ein Modell pro Größe vorrätig.

Innere Stadt • Spitalgasse 4 • Bus, Tram: Bärenplatz • Tel. 0 31/3 12 01 10 • www.vatter.ch/nap • Mo–Fr 10–18.30 (Do bis 20), Sa 10–16 Uhr

WELLNESS

Bio-Kosmetik   ▸ Klappe vorne, c 3

Die Kosmetikerin Brigitte Ryser kümmert sich um das größte und schwerste Organ des Menschen, die Haut. Sie macht ein Sechstel des Körpergewichtes aus. Und über sie werden sogar Gase ausgetauscht. Dementsprechend sollte man sich um sie kümmern. In ihrem kleinen Institut bietet die Chefin eine kostenlose Hautanalyse sowie diverse Behandlungen von Gesichtsmassage über Handbäder bis zur professionellen Haarentfernung an.

Innere Stadt • Kornhausplatz 7 • Bus, Tram: Kornhausplatz • Tel. 0 31/3 11 25 53 • www.bio-kosmetik.ch • Di–Fr 9–18, Sa 9–14 Uhr

Einkaufen Shoppen in Bern heißt bummeln unter Lauben: Die Geschäfte unter den Arkaden bieten exquisite Mode, eleganten Schmuck, Spezialitäten und auch die eine oder andere Skurrilität.

◄ Zig Marken unter einem Dach: Der Konsumpalast Westside (► S. 38), errichtet von Daniel Libeskind, setzt auf Vielfalt.

Zürich mag mondäner sein, Basel bunter. Doch nirgendwo macht ein Einkaufsbummel auch bei schlechtem Wetter so viel Spaß wie in Bern. 6 km Renaissance-Arkaden zwischen Bahnhof und Nydeggbrücke wollen abgelaufen sein, eine der längsten überdachten Promenaden Europas. In diesem stilvollen Ambiente kann man viel, ja sogar sehr viel Geld ausgeben. Aber es sind längst nicht nur edle Mode-, Uhren- und Schmuckgeschäfte, die sich in Spital-, Markt- und Kramgasse aneinanderreihen. Neben den allseits bekannten internationalen Labels gibt es auch noch originelle Boutiquen, traditionelle Konfiserien und Delikatessenläden mit typisch Schweizer Käsekultur.

Shoppen und Schauen

Sitzen, Schauen und Einkaufen bilden in der Berner Altstadt einen harmonischen Dreiklang: Die Abstände zwischen den vielen Cafés, Bars und Restaurants sind zumeist nicht sonderlich groß. Apropos schauen: Jeden Dienstag und Samstag werden Bundesplatz und Münsterplatz zu Orten eines bunten Markttreibens.

ANTIQUITÄTEN
Zemp   ► Klappe vorne, c 3
Rudi Zemp ist ein Berner Unikum, und sein Sortiment richtet sich an Liebhaber von Spielzeug und Modelleisenbahnen, die vor mehr als 80 Jahren gefertigt wurden – etwa 500 Modelle von 150 Marken. Zudem bietet er eine beeindruckende Auswahl an technischen Antiquitäten an: uralte Fernsprecher, Schweizer Waffen (von

1905), Telefone der dänischen Beamtenschaft, datiert auf 1890, Kameraobjektive oder Kinoprojektoren, die mehr als 100 Jahre alt sind. »Ich bin in einem Museum aufgewachsen«, erinnert sich Rudi Zemp an die Sammelleidenschaft seines Vaters, von dem er den Laden übernahm. Der war Kameramann und kaufte in den Fünfzigerjahren das Haus in der Rathausgasse mitsamt dem Radiogeschäft – der Grundstock für einen Teil der Sammlung war gelegt.
Innere Stadt • Rathausgasse 45 • Bus, Tram: Zytglogge

HANDWERK
Berner Handwerkermärit
► Klappe vorne, d 3
49 Handwerker gründeten 1984 den Berner Verein für das Handwerk. Bereits zwei Jahre später veranstalteten sie den ersten »Märit« (Markt) auf der Münsterplattform, dem malerischen »Balkon der Altstadt« über der Aare. Seitdem ist die Organisation auf rund 80 Mitglieder angewachsen, die an jedem ersten Samstag im Monat echte Handarbeit unter den mächtigen Rosskastanien vor dem Berner Münster anbietet. Zu kaufen sind Produkte aus Berner Werkstätten und Ateliers – von Holzschalen und Pfeffermühlen über Puppen, Vasen oder Holztieren bis zu Kleidern und Naturkosmetik.
Innere Stadt • Münsterplattform • Bus: Rathaus • www.handwerkermaerit.ch

Heimatwerk   ▸ Klappe vorne, c 3

Souvenirs »Made in Switzerland« findet man in den Läden des Heimatwerks, das bereits 1930 gegründet wurde. Unter dem Label werden Handwerkserzeugnisse angeboten, die man den Daheimgebliebenen guten Gewissens mitbringen kann: Spielzeug, Schmuck und Textilien, die originalen Schweizer Armeedecken aus dicker Wolle, Kuckucksuhren und Käsemesser, Fondue-Geschirr und Küchen-Accessoires. Besonders edle Stücke sind die luxuriösen Musikdosen, Singvögel und Taschenmusikuhren von Reuge, der sich als einziger Schweizer Hersteller bis heute gegen die Konkurrenz aus Übersee behauptet hat. Interessenten sollten sich nicht von den Produkten im Schaufenster und den Ständern unter den Arkaden täuschen lassen: Etwas Kitsch und Krempel gehört auch zum Sortiment. Das Kundenmagazin »Art + Weise« kann übrigens im Internet unter www.heimatwerk.ch heruntergeladen werden. Innere Stadt • Kramgasse 61 • Bus, Tram: Zytglogge • www.heimatwerk.ch

KAUFHÄUSER

Globus   ▸ Klappe vorne, b 3

Die Geschichte der Schweizer Warenhauskette Globus reicht bis ins Jahr 1892 zurück. Damals gründete Josef Weber in Zürich den »Bazar ohne Gleichen«. Heute verfügt das Unternehmen über Standorte in allen größeren Schweizer Städten. Das Konzept nennt sich »Savoir vivre«: hochwertige Markenartikel, vom mittleren bis vollen Geldbeutel. In Bern besetzt Globus neben einer Filiale im Westside eine ganze Häuserzeile. Mode für den Herren gibt es exklusiv in der Spitalgasse 3.

Innere Stadt • Spitalgasse 17–21 • Bus, Tram: Bärenplatz • www.globus.ch

Loeb   ▸ Klappe vorne, a 3

Wer in Bern nach dem Weg fragt, bekommt nicht selten Beschreibungen wie diese: »Gehen Sie über die Straße bis zur Loebegge. Nach der Loebegge links ab ...« Der Stadtplan hilft da wenig weiter. An der »Loeb-Ecke« treffen die Ausläufer des Bahnhofplatzes auf die Spitalgasse. Dort sitzt das Mutterhaus des Unternehmens, das 1881 als Textilfachgeschäft gegründet wurde und seit 1899 diesen Standort hält. Seither hat sich Loeb schweizweit vergrößert, ist aber immer noch tief verwurzelt mit der Stadt, ein alteingesessenes Familienunternehmen, eine Institution, für die der Ausdruck »Loebegge« kreiert wurde. Das Unternehmen setzt auf die Schwerpunkte Mode, Kosmetik, Wohnen, Freizeit und Lebensmittel. Innere Stadt • Spitalgasse 47–51 • Bus, Tram: Bern Bahnhof • www.loeb.ch

Westside   ▸ S. 114, A 3

Sozusagen die zeitgenössische Antwort auf die gediegene Berner Shoppingwelt inmitten der Altstadt: ein riesiger Komplex, den der Architekt Daniel Libeskind (Jüdisches Museum Berlin) acht S-Bahn-Minuten westlich des Berner Bahnhofs in gewohnt kantiger Manier hochgezogen hat. Nach zweijähriger Bauzeit wurde das »Westside« im Oktober 2008 eröffnet. Es möchte sich nicht einfach als schnödes Einkaufszentrum verstehen, sondern als »ein urbaner Marktplatz und eine stimulierende Erlebnisdestination mit internationalem Flair« (Libeskind). Dazu gehört die Badelandschaft des **Bernaqua** (▸ S. 55) mit seinen Rie-

Kann denn Naschen Sünde sein? In den Filialen der traditionsreichen Confiserie Eichenberger (▸ S. 39) werden alle guten Vorsätze schnell über den Haufen geworfen.

senrutschen, Saunen und Dampfbädern ebenso wie das Multiplexkino mit elf Sälen und eine Gastronomie zwischen »schnell«, »leicht« und »gesund«. Auch das **Holiday Inn Hotel** (▸ S. 33) mit 144 Zimmern und modern ausgestatteten Seminar- und Tagungsräumen wurde integriert.

Was man im »Westside« kaufen kann? Nahezu alles: Autos und Sportgeräte, Drogerieartikel und Mode, Optik und Elektronik, Lebensmittel und Parfüms; dargeboten von Marken wie Palmers, H&M, Marc O'Polo, Douglas, Swarovski – lauter alte Bekannte vereint unter einem Dach. Bümpliz-Oberbottigen • Riedbachstr. 100 • Bus, S-Bahn: Brünnen Westside Bahnhof • www.westside.ch

KONFISERIEN/KONDITOREIEN
Confiserie Eichenberger
▸ Klappe vorne, a 3 und c 3
Die Schweiz ist bekannt für ihr feines Konfekt. Die Kunst der Chocolatiers

besteht im delikaten Arrangement der Zutaten und dem Gefühl für die richtige Dosierung. Die Confiserie Eichenberger komponiert seit 1959 »Läckerlis« für Berner Leckermäuler. Das Hauptgeschäft hat seinen Sitz am Bahnhof, in der Schweizerhoflaube. An den Laden ist ein »Tea Room« angeschlossen, in dem die süßen Köstlichkeiten bei einer Tasse Tee oder Kaffee sogleich probiert werden können. Petits Fours (Kleingebäck) bringt der Service zur Auswahl direkt an den Tisch. Auch an die Filiale in der Kramgasse ist ein Café angeschlossen. Zu den Spezialitäten der Konfiserie zählen neben Pralinés und Lebkuchen (aus Haselnüssen) auch die exklusiv im und vom Haus kreierte Flüstertorte.

www.confiserie-eichenberger.ch
– Innere Stadt • Bahnhofplatz 5 •
Bus, Tram: Bern Bahnhof
– Innere Stadt • Kramgasse 57 •
Bus, Tram: Zytglogge

Confiserie Tschirren
▶ Klappe vorne, c 3

»Makers of fine chocolate since 1919« steht unter dem Firmennamen. Das ist Programm. Denn was Familie Tschirren – mittlerweile in der dritten Generation – an Trüffelpralinen, Schokolade und Torten produziert, kann nicht nur in den drei Berner Filialen erworben werden, sondern inzwischen auch in New York, San Francisco und Montreal. Und über das Internet sind die Leckereien mittlerweile bis in den letzten Winkel der Welt verfügbar. Das Lob an den Vertrieb darf freilich nicht von der Hauptsache ablenken: Die süßen Teile sind ein himmlischer Genuss für Schleckermäuler. Selbstverständlich gibt es hier auch den leckeren Haselnuss-Lebkuchen, eine Berner Spezialität.
Innere Stadt • Kramgasse 73 • Bus, Tram: Zytglogge, Bern Bahnhof • www.swiss-chocolate.ch

MODE
Alpin & Café Alpin
▶ Klappe vorne, d 3

Eine ebenso eigenwillige wie reizvolle Mischung: Im Erdgeschoss verkauft Stephan Minder junge Mode aus Schweizer Landen, im Untergeschoss lädt er zu Vino und Apéro. Da ist es wichtig zu wissen, dass Amok, Markant und Medusa nicht zum Servicepersonal gehören, sondern zu den Marken, die anprobiert werden wollen. Wer also Kleider, Schuhe und Accessoires tragen möchte, die es in der Heimat nicht an jeder Ecke gibt, könnte hier fündig werden.
Innere Stadt • Gerechtigkeitsgasse 19 • Bus: Nydegg • www.alpinbern.ch

Ciolina
▶ Klappe vorne, b 3

Als die Berner Regierung 1833 dem italienischen Textilkaufmann Joseph Ciolina die Niederlassungsbewilligung erteilte, leistete sie gewissermaßen einen Beitrag zur modischen

Sechs Kilometer lange Arkaden – die Berner Lauben (▶ S. 70) sind eine einzige Einkaufsmeile. Abends trifft man sich hier zum Apéro oder dem gemeinsamen Essen.

Entwicklungshilfe in der Deutschschweiz. 1884 zog das größte Modehaus in Bern an den heutigen Standort in der Marktgasse 51 um. Dort findet Frau heute Shops von Jil Sander, Jet Set, Napapijri und Soussol sowie viele Marken, die ihr noch gefallen könnten: D&G, Chloé, Balenciaga etc. Mann sichtet etwas weniger: Die Herrenabteilung im Ciolina ist klein, aber fein. Schnäppchenjäger versuchen ihr Glück in der Ciolina-Fundgrube (Zeughauspassage).
Innere Stadt • Marktgasse 51 • Bus, Tram: Zytglogge • www.ciolina.ch

Comme il faut ▶ Klappe vorne, c 3

Kleiner, exquisiter Modeladen mit Designerware von Paul Smith, John Smedlay, Ben Sherman, Fred Perry, Annex, Mandarina Duck oder Bikkembergs. Für Sie und Ihn.
Innere Stadt • Brunngasse 70 • Bus, Tram: Zytglogge • www.commeilfaut.ch

SCHMUCK

Adamek 56 ▶ Klappe vorne, c 3

Klingt österreichisch, ist aber echt schweizerisch. »Schmuck zeigt Stil« ist das Motto von Goldschmied Nicolas Adamek und seinem kleinen Team, das stilvoll in der Kramgasse residiert. Sein Vater gründete den Betrieb dort 1936. Seit den Fünfzigerjahren sind die meisten Ringe, Anhänger, Armreifen und Colliers des Traditionsbetriebs archiviert. 1991 kam die elektronische, 2003 die fotografische Erfassung der individuell gefertigten Kostbarkeiten dazu. So können die Unikate perfekt repariert werden. Eine besondere Empfehlung verdient das Adamek 56 für Liebhaber von schönem Perlenschmuck.
Innere Stadt • Kramgasse 56 • Bus, Tram: Zytglogge • www.adamek.ch

Bijoux à la Carte ▶ Klappe vorne, d 3

Seit 1990 führen Franziska Schädelin und Jacqueline Gasser-Saurer das kleine Atelier in der Postgasse. Hier können sich Kunden ihr persönliches Schmuckstück nach eigenen Vorstellungen anfertigen lassen. Die beiden Goldschmiedinnen beraten über Machbarkeit und Materialwahl und fertigen einen Entwurf oder ein Modell an – welche übrigens kostenlos sind. Ihre eigene Kollektion nennt sich »Peace Pieces«. Das Grundmaterial hierfür ist Damaszenerstahl, ein aus mehreren Lagen geschmiedetes Metall, aus dem seit 2500 Jahren Schwerter und Messerklingen hergestellt werden. Hier dient es friedlichen Zwecken – »Peace Pieces« eben.
Innere Stadt • Postgasse 56a • Bus: Rathaus, Nydegg • www.bijoux-a-la-carte.ch

SPEZIALITÄTEN

Chäsbueb ▶ Klappe vorne, c 3

Es heißt, bei entsprechendem Wind könne man den Käse schon beim Zytgloggeturm riechen. In Zeiten, da in den Molkereiregalen der Supermärkte die aromatische Beliebigkeit herrscht, ist das ein vortrefflicher Grund, sich verführen zu lassen. Der Käse beim Chäsbueb in der Kramgasse stimuliert sowohl Geschmacks- als auch Geruchssinn. Heinz Megert bietet Alpkäse aus dem Berner Oberland, der zwischen ein und sechs Jahren gereift ist. Und man berät nicht nur gerne Einheimische, sondern auch Gäste aus dem Ausland, denen man die guten Stücke für den Transport in die Heimat gern vakuumverpackt. Damit sich im Zug oder Flugzeug keiner beschwert.
Innere Stadt • Kramgasse 83 • Bus, Tram: Zytglogge • www.chaesbueb.ch

Am Abend

Das Café an der Ecke, die Indie-Bar neben der Bäckerei, Chillout-Lounge, Trend-Club oder Staatstheater – auch in den Abendstunden bietet Bern Einheimischen und Gästen ein abwechslungsreiches Programm.

◀ Auf gute Tropfen aus dem Piemont spezialisiert – im Gewölbekeller der Enoteca Tredicipercento (▶ S. 46).

Bern ist keine notorische Party-Hochburg, aber eine Uni-Stadt. Und wo viele Studenten sind, gehen abends nicht so schnell die Lichter aus. Die meisten Locations liegen in der Altstadt oder in deren unmittelbarer Nähe und sind von Nachteulen auch zu Fuß gut zu erreichen.

Bern by Night

In der Neubrückstraße stehen mit dem **ISC-Club** und dem berühmten **Bierhübeli** zwei der interessanten Konzertlokale. Hier legen angesagte Namen der internationalen Musikszene häufig einen Zwischenstopp ein. Das aktuelle Programm entnehmen Nachtschwärmer gedruckt oder online dem Stadtmagazin »Bewegungsmelder« (www.bewegungsmelder.ch). »Bern by night« lässt sich in den beiden ausgezeichneten Filmkunsttheatern der Stadt erleben oder natürlich ganz gediegen in Theatern, bei klassischen Konzerten und in der Oper. Das neoklassizistische **Berner Stadttheater** – eröffnet 1903 – ist ein Dreispartentheater, das mit der zweiten Spielstätte im Vidmar-Industriegebiet seit 2007 nicht nur mehr Platz, sondern auch neue künstlerische Freiheiten hinzugewonnen hat.

BARS & LOUNGES
Aux Petits Fours ▶ Klappe vorne, c 3
Gleich beim Zytgloggeturm geht es die Treppe hinunter und hinein ins kleine, rustikale Kellerlokal. Die Atmosphäre ist ausgesprochen persönlich, das Publikum auffällig männlich – die Bar Aux Petits Fours pflegt ihren Ruf als beliebter Treffpunkt der Berner Gay-Szene. Im Winter steigt sonntagnachmittags ab 15 Uhr die berühmte Kuchen-Party.
Innere Stadt • Kramgasse 67 • Bus, Tram: Zytglogge • Tel. 0 31/3 12 73 74 • tgl. 18.30–0.30 Uhr

Drei Eidgenossen ▶ Klappe vorne, c 3
Hier trifft man sich früh am Abend – sonst ist man wegen Platzmangels außen vor –, nimmt den ersten Drink vor einer langen Nacht und kommt ins Gespräch mit den Tischnachbarn: Die Drei Eidgenossen sind ein beliebter Auftakt für das Nachtleben.
Innere Stadt • Rathausgasse 69 • Bus, Tram: Zytglogge • Tel. 0 31/3 11 18 28 • Mo–Sa 11–0.30, So 17–0.30 Uhr

Kreissaal ▶ Klappe vorne, c 3
Im Hintergrund läuft gepflegter Jazz, im Vordergrund perlt frisch gezapftes Bier: Die Zeichen im Kreissaal stehen auf Entspannung. Unten gibt es Sitzmöbel in ausreichender Zahl, kuschelige Accessoires fehlen dagegen. Das Ambiente wird geprägt von alten Sandsteinmauern. Oben hat man sich ganz der hohen Barkultur verschrieben. Und das merkt man natürlich vor allem der Auswahl an Cocktails an. Auch Whisky-Kenner werden überzeugt – egal ob Single Malt, Pure Pot Still oder Bourbon. Der Laden läuft gegen 23 Uhr erst so richtig an. Übrigens: Echte Szenelokale haben es nicht nötig, mit Schildern auf sich hinzuweisen.
Innere Stadt • Brunngasshalde 63 • Bus, Tram: Zytglogge • Tel. 0 31/3 12 50 00 • www.kreissaal.be • Di–Sa 22–2.30 (Sommer), 21–2.30 Uhr (Winter)

Les Amis ▶ S. 118, C 5
Die »Freunde« haben hier eine Bar installiert, die auf ihre Stammgäste

bauen kann. Durchweg coole Genossen hocken innen, sitzen draußen unter Lauben und amüsieren sich – ohne wenn und aber. Wenn es spät wird, bewegt sich die »Crew« eine Etage tiefer: Dann rückt das Wohnzimmer im Untergeschoss ins Zentrum des Geschehens – und man tanzt! Innere Stadt • Rathausgasse 63 h • Bus, Tram: Zytglogge • Tel. 0 31/3 11 51 87 • www.lesamis.ch • Bar: Mo–Fr 17–0.30, Sa 15–0.30, Club: Do–Sa 17–3 Uhr

Pery Bar   ▸ S. 118, B 5

Am Schmiedenplatz lädt ein atmosphärischer Club zu Apéro, Cocktails, Wein oder Bier, wobei dichtes Kerzenlicht den dunklen Holzvertäfelungen eine magische Ausstrahlung verleiht. Breits im Jahr 1942 soll man sich hier zum Plausch mit Trunk getroffen haben – schwört der Barkeeper, der es dem Augenschein nach allerdings nicht aus eigener Erfahrung wissen kann. Von Donnerstag bis Samstag sorgen DJs dafür, dass die Gäste zu R&B, House und »geschmackvollen Oldies« ihre Hüften bewegen, Hip-Hop ist verpönt.

Nicht verschwiegen werden soll, dass die Einlasspolitik der Pery Bar für Diskussionen in den Medien sorgte: Gäste beschwerten sich, dass vermeintlich im Ausland geborene Begleiter keinen Einlass erhielten. Offiziell, so die Macher der Pery Bar, gebe es eine solche Türpolitik nicht. Innere Stadt • Schmiedenplatz 3 • Bus, Tram: Zytglogge • Tel. 0 31/ 3 11 59 08 • www.raeblus-bern.ch • Do 17–2.30, Fr, Sa 17–3 Uhr

Zsa Zsa Bar   ▸ Klappe vorne, c 3

Dies mag Berns vermutlich kleinste Bar sein. Wer also nur gucken will, ist hier falsch am Platz. Auf engem Raum kommt man hier zwangsläufig schnell ins Gespräch. Wer trotz-

Gemütlich im Ledersessel einen Mojito schlürfen: Wenn nicht gerade eine Party steigt, prägt gepflegte Lounge-Atmosphäre die Bar Du Théâtre (▸ MERIAN-Tipp, S. 45).

dem nur beobachten will: angenehmes Licht, heimelige Atmosphäre, viele Getränke, wenige Snacks.
Innere Stadt • Brunngasse 11 • Bus, Tram: Zytglogge • Mo–Fr 17–0.30, Sa 12–0.30 Uhr

CLUBS UND DISKOTHEKEN

Bierhübeli ▶ S. 116, A 3

Wenn ein Club eine eigene Bushaltestelle hat, kann er nicht ganz unwichtig sein. So verhält es sich mit dem »Bierhübeli«, einer echten Institution des Berner Nachtlebens. Der Name verspricht angenehme Plüschigkeit – und siehe da: Das Interieur erfüllt mit Parkettboden, Stuckdecke und Balkon alle Erwartungen. Was auf der Bühne passiert, kann sich ebenfalls sehen und hören lassen. Der Samtvorhang hob sich schon über Adam Green, den Stereo MC's, Wir sind Helden, Fettes Brot, den Orishas und vielen mehr. Auch Jazz und Kabarett werden geboten. Dazu gibt es eine nette Lounge und im Sommer ein Gartenlokal.
Länggasse-Felsenau • Neubrückstr. 43 • Bus: Bierhübeli • Tel. 0 31/ 3 01 92 92 • www.bierhübeli.ch • Öffnungszeiten je nach Veranstaltung

Mahogany Hall ▶ Klappe vorne, e 3

Und nebenan schlummern die Bären: Direkt gegenüber dem Bärenpark hat sich bereits 1968 in einem ehemaligen Proberaum dieser traditionsreiche Jazzclub eingerichtet. Wobei man das mit dem »Jazz« längst nicht so eng sieht. Soul, Funk, Latin, Rock und Pop gehen ebenso gut über die Bühne.
Innere Stadt • Klösterlistutz 18 • Bus: Bärengraben • Tel. 0 31/3 31 60 00 • www.mahogany.ch • Öffnungszeiten je nach Veranstaltung

MERIAN-Tipp **5**

DU THÉÂTRE ▶ Klappe vorne, c 3

Der einstige Gourmettempel der Bundesstadt ist heute der Szeneclub mit dem höchsten Aufmerksamkeitsfaktor, und die »People-Seiten« der lokalen Presse nähren sich wiederholt über die Events im Du Théâtre. Bei den »Celebreighties« sind die Gäste älter als 28 und tanzen zu »Last Night a DJ Saved My Life« und »We Are Family«.
Innere Stadt • Hotelgasse 10 • Bus, Tram: Zytglogge • Tel. 0 31/ 3 18 50 67 • www.dutheatre.ch • Fr, Sa 22.30–4 Uhr (Do unregelmäßig 22.30–3.30 Uhr)

Marians Jazzroom ▶ S. 116, A 2

Was haben der Trompeter Roy Hargrove, Tenorsaxofonist Joe Henderson und Bandleader Hazy Osterwald gemeinsam? Der geneigte Leser ahnt es: Sie alle standen schon einmal auf der Bühne in Marians Jazzroom. Der Club befindet sich seit dem Jahr 1992 im Untergeschoss des Hotels Innere Enge. Seitdem treten die Künstler hier geradezu im Akkord auf: zwei Konzerte täglich (außer Sonntag und Montag) und dies von September bis Mai. Marians Veranstalter präsentieren neben Jazz und Blues auch Gospel, R&B, Soul und Crossover, der mehrere Stile miteinander verbindet. Das Clubambiente ist angemessen: bequeme Plüschbänke mit Bistrotischen, die »Louis Armstrong Bar«, und die Wände zieren Fotografien von Größen des Musikgeschäfts.
Länggasse-Felsenau • Engestr. 54 (im Hotel Innere Enge) • Bus: Innere Enge • Tel. 0 31/3 09 61 11 • www.

mariansjazzroom.ch • Anfang Sept.–
Ende Mai Di–Sa, Konzertbeginn
19.30 und 22 Uhr

Musigbistrot   ▸ S. 118, westl. A 6

Der Name ist Programm und macht
deutlich, dass man hier einen ab-
wechslungsreichen Abend verbrin-
gen kann: erst »Bistrot«, dann »Mu-
sig«, beides richtig lecker. Verarbeitet
die Küche vor allem frische, ökologisch korrekte und vorwiegend aus
heimischer Landwirtschaft stam-
mende Produkte, setzt der Club sozusagen auf dasselbe Prinzip. Im
Musigbistrot hat hauptsächlich die
Berner Szene in ihrer ganzen Vielfalt
ein Zuhause gefunden: Jazz, Pop,
Rock, Soul, Latin und Songwriting.
Das »Indie Musik Programm« ver-
hilft vielen Nachwuchskünstlern zu
ihren ersten Auftritten.
Mattenhof-Weissenbühl • Mühlematt-
str. 48 • Bus, Tram: Monbijou • Tel.
0 31/3 72 10 32 • www.musigbistrot.
ch • Mo–Fr 8.30–23.30, Sa 16.30–
0.30 Uhr

Shakira   ▸ S. 118, westl. A 5

Kaum einer vermutet hinter der ge-
diegenen Fassade des »National« ein
Stück Südamerika. Tatsächlich hat
Besitzer Octavio Arango das Shakira
zur ersten Adresse für authentische
Latino-Sounds in der Bundesstadt gemacht. Aufgelegt wird Salsa, Meren-
gue und Cumbia. Wie man sich dazu
passend bewegt, kann man unter der
Woche in der angeschlossenen Tanz-
schule lernen. Karibik-Drinks und
Empanadas Columbianas kann man
auch im Sitzen genießen.
Mattenhof-Weissenbühl • Maulbeer-
str. 3 • Bus, Tram: Hirschengraben •
Tel. 0 31/3 81 77 67 • www.national
bern.ch • Do–Sa 23–3.30 Uhr

Wankdorf-Club   ▸ S. 117, F 2

Die große Party-Fabrik beim Stade
de Suisse gibt sich nicht nur im »Alpen Club« volkstümlich. Während
dort zwischen altem Gebälk (aus
Bayern und Österreich importiert)
auch im Sommer Après-Ski gefeiert
wird, zucken über dem Mainfloor
die Laserblitze. An bestimmten Tagen
wogt die Masse verzückt zum Sound
der Achtziger- und Neunzigerjahre.
Mehr Lounge als Disco ist der »Bat
Room« im ersten Stock, mit echten
Betten möbliert und wohl eher zum
Chillen als zum Tanzen gedacht.
Wankdorffeld • Papiermühlestr. 79 •
Bus: Wankdorfplatz, Tram: Guisanplatz, S-Bahn: Wankdorf • Tel. 0 31/
3 33 00 84 • www.wankdorf-club.ch •
Fr, Sa 21–3.30 Uhr

ENOTECA

Tredicipercento   ▸ Klappe vorne, c 3

Freunde edler Tropfen finden sich
regelmäßig hier ein. Der liebevoll-
gemütlich arrangierte Keller, kombiniert mit einer Weinhandlung, hat
sich auf piemontesische Tropfen spezialisiert. Ob es auf die Getränke tre-
dici percento, also 13 %, gibt, wagen
Beobachter zu bezweifeln.
Innere Stadt • Rathausgasse 25 • Bus:
Rathaus • Tel. 0 31/3 11 80 31 • www.
tredicipercento.ch • Di–Do 16.30–
23.30, Fr 16.30–0.30, Sa 16–21 Uhr

KINOS

Cinématte   ▸ Klappe vorne, e 4

Ein Reservat für Filme, die erst Kunst
sein müssen, ehe sie Kohle machen
dürfen: Das ist dieses schöne Kino
im Mattequartier direkt an der Aare.
Ein Kulturverein achtet darauf, dass
wirklich nur gezeigt wird, was ausge-
wiesenen Cineasten genügt – z. B. eine Reihe mit klassischen japanischen

Bei Musikfreunden hoch im Kurs: Marians Jazzroom (▶ S. 45) im Untergeschoss des Hotels Innere Enge gilt mittlerweile als einer der besten Jazzclubs weltweit.

Samurai-Filmen. Am ersten Donnerstag im Monat ist »Gelbe Kinonacht«. Dann werden, unterstützt von der Schweizerischen Post (!), ausgewählte Klassiker gezeigt. Wer nach den Stunden im Kinosessel starre Glieder hat, kann sich nebenan im Club »Wasserwerk« Bewegung verschaffen. Innere Stadt • Wasserwerkgasse 7 • Bus: Nydegg • Tel. 0 31/3 12 45 46 • www.cinematte.ch

Kino Kunstmuseum

▶ Klappe vorne, b 2

Seinem kulturellen Bildungsauftrag kommt das Kino Kunstmuseum seit 1983 nach. Filmkunst wird hier nicht einfach nur von einer Handvoll Filmfreaks vorgeführt, sondern mit ebenso viel Lust wie wissenschaftlichem Anspruch zelebriert. Dem Wechsel der Stile und Epochen widmet sich der Betreiberverein Cinéville in thematischen Reihen wie »Space Fiction – Weltraumfantasien im Wandel der Zeit« sowie in ausführlichen Werkschauen und Retrospektiven. Innere Stadt • Hodlerstr. 8 • Bus: Bollwerk • Tel. 0 31/3 28 09 99 • www.kinokunstmuseum.ch

KULTURHÄUSER

Dampfzentrale

▶ S. 118, B 6

Musik und Tanz sind die beiden Säulen, auf denen die Dampfzentrale fest und doch höchst beweglich ruht. Es ist allerdings nicht das klassische Ballett, sondern vielmehr die moderne Bewegungskunst, die hier ausgeübt wird – wobei »Grenzüberschreitungen zu Performance und Clubkultur« ausdrücklich erwünscht sind. Stadt und Kanton finanzieren die künstlerischen Experimente unter dem Marzilibad am Ufer der Aare. Mattenhof-Weissenbühl • Marzilistr. 47 • Bus: Dampfzentrale • Tel. 0 31/ 3 10 05 40 • www.dampfzentrale.ch

OPER, THEATER UND KONZERT
Berner Sinfonieorchester
▶ Klappe vorne, c 4

Seit 1877 hat Bern ein eigenes Sinfonieorchester, und heute zählt es zu den renommiertesten Ensembles der Schweiz, mit dem Großen Saal im ehrwürdigen Kultur-Casino besitzt es zudem einen wunderbaren Aufführungsort. Die Berner Sinfoniker treten auch im Stadttheater auf.
Innere Stadt • Herrengasse 25 • Bus, Tram: Zytglogge • Tel. 0 31/3 29 52 52 (Tickets) • www.bsorchester.ch

Das Theater   ▶ S. 118, westl. A 5
Diese ambitionierte Studiobühne gibt es erst seit 1996, als dem neuen Kulturkonzept der Stadt das alte Atelier Theater geopfert wurde. Die Theatermacher gaben nicht auf, übernahmen die Bühne, und das Publikum dankte es. Heute bekommt es (neo-) klassische Dramen von Euripides, Goethe, Sartre und Dürrenmatt ebenso zu sehen wie Filmstoffe von Ingmar Bergman und Aki Kaurismäki. Einige Werke zeitgenössischer Autoren erlebten hier ihre Uraufführung.
Mattenhof-Weissenbühl • Effingerstr. 14 • Bus, Tram: Kocherpark • Tel. 0 31/3 82 72 72 • www.dastheater-effingerstr.ch

Schlachthaus   ▶ Klappe vorne, c 3
1997 zog der Theaterverein an den Platz, wo schon im 15. Jh. blutige Arbeit verrichtet wurde. Jahr für Jahr wird ein höchst originelles Programm auf die Beine gestellt, mit Märchen für kleine und Figurentheater für große Kinder (Dracula!) und mit jeder Menge Gegenwartsbewältigung.
Innere Stadt • Rathausgasse 20/22 • Bus, Tram: Zytglogge • Tel. 0 31/3 12 96 47 • www.schlachthaus.ch

Stadttheater   ▶ Klappe vorne, c 3
Das offizielle Schauspielhaus der Berner ist Theater-, Ballett- und Opernbühne zugleich und macht schon rein äußerlich eine ganze Menge her. Im neoklassizistischen Stil erbaut und 1903 eröffnet, spricht »Hyperion«, singt der »Barbier von Sevilla« und tanzt der »Feuervogel«. Weil drei Sparten in einem Haus ernste Platzprobleme verursachen können, hat die Stadt 2007 eine zweite Spiel- und Probenstätte eröffnet: In den Vidmarhallen auf einem alten Industrieareal zwischen Bern und Köniz, zu erreichen mit den Bussen 10 und 17, haben vor allem das Tanz- und das Sprechtheater eine neue Heimat gefunden. Und daran findet auch zunehmend ein jüngeres Publikum Gefallen, das hier seine Schwellenängste vor dem altehrwürdigen Ambiente des Stadttheaters am Kornhausplatz abbauen kann.
Innere Stadt • Kornhausplatz 20 • Bus, Tram: Zytglogge • Tel. 0 31/3 29 51 11 • www.stadttheaterbern.ch

Theater Remise ▶ S. 118, westl. A 5
Etwas außerhalb des Stadtzentrums gelegen, hat sich die kleine Studiobühne mit ihren ambitionierten Eigenproduktionen und Gastspielen einen guten Namen im Kulturleben der Bundesstadt gemacht. Berührungsängste? Gibt es nicht. Märchen der Gebrüder Grimm stehen ebenso auf dem Programm wie absurdes Theater von Samuel Beckett oder Horror von Stephen King. Dazu noch viel Musical und Tanz ... Der rührige Theaterverein veranstaltet außerdem Schauspiel- und Tanzkurse.
Mattenhof-Weissenbühl • Laupenstr. 51 • Bus: Inselspital • Tel. 0 31/8 59 12 77 • www.studiobuehnebern.ch

erlebnis destination westside

erlebnis
westside
bern brünnen

Feste und Events
Buskers Festival, Jazzfest, Zibelemärit, Bärner Fasnacht, Kurzfilmfestival oder Gurtenfestival: Wenn Bern feiert, mobilisiert sich eine ganze Stadt, und die Besucher haben ihre Freude daran.

◄ Mit seiner erst seit 1982 existierenden Fasnacht (▶ S. 51) ist Bern die Nr. drei unter den Schweizer Narrenhochburgen.

FEBRUAR/MÄRZ
Bärner Fasnacht

Am 11. November wird er zum Winterschlaf in den Käfigturm gebracht, gute drei Monate später weckt man ihn wieder auf. Und dann tanzt er, der Berner Bär, ganze drei Tage lang. Bereits im 15. Jh. sind Fasnachtsspiele belegt, in der heutigen Form gibt es die Bärner Fasnacht aber erst seit dem Jahr 1982. Die Bundesstadt bietet seither ein buntes und lautes Programm mit Umzügen, Straßentheater und viel Musik auf.

Altstadt • zwischen Mitte Feb. und Mitte März, 3 Tage • www.fasnacht.be

MÄRZ–MAI
Internationales Jazzfestival Bern

Chick Corea, Art Blakey, Sonny Rollins, Dave Brubeck, Diana Krall, B. B. King … Die Liste der Stars, die dem Berner Jazzfestival seit 1976 die Ehre gegeben haben, ist lang. Und sie wird Jahr für Jahr länger. Im Publikum sitzen nicht nur eingeweihte Spezialisten, sondern Musikliebhaber jeder Couleur. Und die Berner Veranstalter präsentieren ein gleichermaßen hochklassiges wie abwechslungsreiches Programm zwischen Bebop und Bigband, Afro und Latin, Soul und Gospel, Blues und R&B.

Verschiedene Konzertsäle und Clubs • März–Mai • www.jazzfestivalbern.ch

MAI
Grand-Prix Bern

Ob es nun »die schönsten zehn Meilen der Welt« sind, wie die Berner Touristiker behaupten, sei dahingestellt. Ist auch egal, denn die Kulisse

WUSSTEN SIE, DASS…

… der Straßenkurs im Berner Bremgartenwald bis 1955 Austragungsort von Formel-1-Rennen war?

dieses klassischen Volkslaufs hat den sprachlichen Superlativ gar nicht nötig. Start und Ziel liegen unterhalb des Stade de Suisse am Guisanplatz. Der Rundkurs führt durch die Altstadt und an der Aare entlang bis zum Tierpark und wieder zurück. Auch wer den rund 16 000 Läufern nur zuschauen möchte, hat seinen Spaß am großen Event: Ein gutes Dutzend Musikbands sorgen neben der Strecke für gute Stimmung.

Stade de Suisse–Altstadt–Tierpark • Mitte Mai • www.gpbern.ch

JUNI
Schweizer Frauenlauf

Noch mal laufen sie auf Berner Straßen – diesmal jedoch ausdrücklich ohne Männer. Auf den 5 und 10 km langen Strecken zeigt das »schwache« Geschlecht, wie stark es ist. Anders als beim Grand-Prix Bern (▶ S. 51) gibt es beim Frauenlauf auch eine Walking- bzw. Nordic-Walking-Route von 15 km Länge. Das Rahmenprogramm findet am Bären-, Bundes-, Waisenhaus- und Theaterplatz statt.

Innenstadt beiderseits der Aare • Mitte Juni • www.frauenlauf.ch

JULI
Gurtenfestival

Der Gurten ist ein echter Multifunktionsberg – Freizeitpark, Naherholungsgebiet und Veranstaltungscenter im Süden von Bern. Beim großen Gurtenfestival gibt es Friede, Freude und Musik, vier Sommertage lang. Und auf der großen Open-Air-Bühne konnte man bereits Top-Acts wie die Kaiser Chiefs, The Chemical Brothers und H.I.M. sehen, auf der Zeltbühne traten die bösen Buben von Turbonegro gegen die nette Amy Macdonald und das relaxte John Butler Trio an. Und auf der Waldbühne ließ sich die Schweizer Musikszene vernehmen – mit Klängen zwischen Folk, Punk und Trip-Hop. Gurten • Mitte Juli • www.gurten festival.ch

AUGUST
Buskers Festival

»Buskers« (engl.) sind Straßenmusiker, und ihnen gehört die Berner Altstadt – wenigstens während der drei Tage des Buskers Festivals. Seit 2004 haben Straßenkünstler aus aller Welt einen festen Platz im Veranstaltungskalender: Performer, Artisten, Puppenschauspieler, Seiltänzer, vor allem aber Musiker. Multikulti ist hier Programm, gespielt werden traditioneller Folk und Gipsy-Jazz ebenso wie Ska, Hip-Hop oder heimatliche Klänge von den Schweizer Alpen. Bunt Gemischtes gibt es nicht nur für die Ohren, sondern auch für Nase und Gaumen: Viele Essstände auf den Straßen sorgen für die Verköstigung. Altstadt • 1. oder 2. Wochenende im Aug., 3 Tage • www.buskersbern.ch

SEPTEMBER
Sichlete

Aus dem traditionellen Erntedankbrauch der Berner Bauern ist längst ein richtiges Volksfest mit buntem Programm und üppiger Verpflegung auf dem Bundesplatz geworden. Höhepunkte sind ein Alpabtrieb durch die Altstadt mit Schaumelken und Krönung der »Miss Sichlete«, der schönsten Kuh, vor dem Schweizer

Regierungssitz. Viel Interesse weckt auch der Bauernmarkt mit feinen Produkten der lokalen und regionalen Landwirtschaft. Der Name der erst 1999 neu aufgelegten Brauchtumsveranstaltung erinnert daran, dass das Getreide früher mühsam mit der Sichel geschnitten werden musste. Bundesplatz • Mitte Sept. • www.bundesplatz.ch

OKTOBER
TANZ IN. BERN – Tanzfestival

Die Berner Tanztage sind tot, es lebe das internationale Festival TANZ IN. BERN. Im Herbst 2008 feierte die Neufassung dieses renommierten Events seine Premiere. Mit dem Programm möchte das Kulturzentrum »Dampfzentrale« alte Konventionen von Musik und Tanztheater brechen. In Eigenproduktionen wie auch in den Inszenierungen international bekannter Choreografen geht man bewusst Risiken ein und gibt sich so »konfrontativ« wie »intim«. Berührungsängste zwischen Avantgarde und Pop sind hier unbekannt. Für das erste TANZ IN. BERN stellten die Veranstalter eine funktionstüchtige Geisterbahn auf das Gelände der »Dampfzentrale« und gestalteten einen Tanzparcours durch die Stadt. Dampfzentrale (Marzilistr. 47) und andere Orte • 2–3 Wochen im Okt. bzw. Nov. • www.tanzinbern.ch

Shnit – Kurzfilmfestival Bern

In der Kürze liegt die Kunst. Filmfans können ihr in Bern seit 2003 frönen. Aus den ersten Kurzfilmnächten ist ein bedeutendes Festival geworden, auf dem es nach Auskunft der Veranstalter »freche, packende, bewegende, sprich: unterhaltsame Kurzfilme« zu sehen gibt. Das Festivalzentrum liegt

Der traditionelle Zwiebelmarkt, ein Jahrmarkt mit Volksfestcharakter im November und von den Bernern Zibelemärit (▶ S. 53) genannt, beginnt bereits im Morgengrauen.

im Kulturhaus PROGR, die Filme werden an fünf Spielorten präsentiert.
PROGR (Waisenhausplatz 30) und andere Spielstätten in der Innenstadt • 5 Tage im Okt. • www.shnit.ch

NOVEMBER
Zibelemärit

Es ist ein ungewöhnlicher Termin für ein großes Volksfest: An jedem vierten Montag im November steigt der traditionelle Zibelemärit, der »Zwiebelmarkt«. Der Sage nach soll er erstmals 1406 stattgefunden haben. Sicher ist er jedoch das letzte Überbleibsel der noch älteren, ehemals 14 Tage dauernden Martinimesse in Bern. Schon um 4 Uhr morgens beginnt das muntere Markttreiben in den Altstadtgassen. Hier sind längst nicht nur Zwiebeln und Knoblauch zu kaufen, kunstvoll zu Zöpfen, Kränzen und Figuren geflochten, sondern auch Textil- und Spielwaren, Kunsthandwerk und Schmuck. Um 16 Uhr steigt als Höhepunkt die besonders bei jungen Marktteilnehmern höchst beliebte, große Konfettischlacht.
Altstadt • 4. Mo im Nov. • www.berninfo.com

Familientipps
Bärenpark und Puppentheater, Kletterparcours und Wasserrutschen, Malen mit Paul Klee oder Schwimmen und Plantschen im Marzilibad – in Bern erleben Kinder neue und vielseitige Abenteuer.

◄ Mehrere Parcours führen im Seilpark Bern (▸ S. 57) durch den Wald und bieten den Kids ein einzigartiges Erlebnis.

Bernaqua   ▸ S. 114, A 3

Das topmoderne Spaßbad ist Teil des neuen Konsumtempels **Westside** in Bern-Brünnen (▸ S. 38) – aber was für einer. Die meisten Kinder finden sich an den Einstiegen zu den drei Riesenrutschen ein und rauschen Sekunden später und 17 m tiefer in die Becken. »Magic Eye«, die längste, misst 175 m. Furchtlosigkeit verlangt der Sturz in das 152 m lange »Black Hole«, wogegen man auf dem »Emotion Ride« 169 m weit durch Düfte, Klänge, Nebel und Lichteffekte saust. Von den wilden Fahrten erschöpfte Eltern erholen sich danach im Spa. Sie können sich römisch-irisch bedampfen lassen, durch die originelle Saunawelt streifen oder aber mit Blick auf floureszierende Quallen »floaten«. Massagen, Peelings und Packungen machen im Anschluss wieder fit fürs Shoppen im Westside. Bümpliz-Oberbottigen • Riedbachstr. 98 • Tram, S-Bahn: Brünnen Westside Bahnhof • Tel. 0 31/5 56 95 95 • www.bernaqua.ch • tgl. 9–22 Uhr • Eintritt 45 SFr (Tageskarte), Kinder 30 SFr, unter 6 Jahren frei, Familien 102 SFr (2 Erw., 1 Kind, weitere Kinder 15 SFr), Aufpreis für Sauna, Fitness, Dampfbad

Berner Puppentheater
▸ Klappe vorne, d 3

Ein alter Weinkeller stellt das Ambiente für das 1980 gegründete Puppentheater. Hier widmen sich Monika Demenga und Hans Wirth mit viel Liebe und Engagement dem großen Spektrum des Figurentheaters. Und sie sprechen nicht allein Kinder an. Auf dem Spielplan stehen Märchen

MERIAN-Tipp   6

MARZILIBAD ▸ Klappe vorne, b 5

An heißen Tagen erfrischt nichts mehr als ein Sprung in die Aare. Das »Marzili« ist eine echte Berner Institution und sehr schön gelegen in der Flussschleife unter dem Bundeshaus, das hinter hohen Bäumen eine eindrucksvolle Kulisse schafft. Es gibt ein 50-m-Becken, Sprung-, Nichtschwimmer- und Kinderbecken, eine 10 000 qm große Liegewiese und ein nur Frauen zugängliches FKK-Abteil, das »Paradiesli«. Eine Badeaufsicht existiert nicht, zur Infrastruktur gehören jedoch Umkleidekabinen, Spinde und Wertsachenfächer. Den Rückweg in die Altstadt legt man ebenso stilvoll wie bequem mit der 1885 eröffneten Marzilibahn zurück, der kürzesten Drahtseilbahn Europas: Auf 105 m Länge überwindet sie den 32 m hohen Steilhang unter dem Bundeshaus. Sie wurde noch bis 1973 mit Wasser betrieben, seit 1974 fährt sie elektrisch. Mattenhof-Weissenbühl • Marzilistr. 29 • Bus: Marzilistraße • Tel. 0 31/3 11 00 46 • www.aare marzili.ch • Anf. Mai–Ende Sept. tgl. 8.30–19 Uhr (Juni–Aug. 8.30–20 Uhr) • Eintritt frei

wie »Zwerg Nase« ebenso wie »Der Kleine Prinz« oder »Jedermann«. Freilich geht das nicht immer auf Hochdeutsch über die Bühne. Wer einem Stück wie »Ds Krokodil wott zrügg a Nil« folgen möchte, sollte bereits ein wenig an Berndeutsch gewöhnt sein. Abgesehen vom Hörerlebnis bietet das Puppentheater jedoch in erster

Linie wunderbare Schau-Spiele für die Augen: Stabpuppen, Handpuppen, Stockpuppen, Marionetten und Schattenfiguren haben ihren Auftritt in kunstvoll arrangierten Kulissen. Gastspiele anderer Bühnen sowie Lesungen, Konzerte und Märchenerzählungen ergänzen das Programm.

MERIAN-Tipp

TIERPARK DÄHLHÖLZLI
▶ S. 118, C 8

1937 wurde er eröffnet, und seit seinem 60. Geburtstag fühlt sich der Berner Zoo einem denkbar jungen Motto verpflichtet: »Mehr Platz für weniger Tiere«. Zuletzt kam dies dem Berner Wappentier zugute: 2009 öffnete der Bärenpark, der den Bärengraben zu einem 6000 qm großen Areal an der südlichen Aareschleife erweitert. Besucher erleben den Zoo wie eine Art Landschaftspark, vor allem auf dem großen Waldareal im Westteil, wo Hirsche und Wisente zu sehen sind. Im Vivarium kann man Tomatenfrösche, Stumpfkrokodile und Nashornleguane bewundern, auf dem großzügigen Freigelände Elche, Wölfe, Vielfraße und Bären. Im Dählhölzli tut sich stets was Neues: Jüngst sind Papageitaucher zugezogen, die nur in ganz wenigen Zoos zu sehen sind. Die »Clowns der Meere« leben hier in einem Ressort, das einem isländischen Fjord nachempfunden ist. Kirchenfeld-Schosshalde • Tierparkweg 1 • Bus: Tierpark • Tel. 0 31/ 3 57 15 15 • www.tierpark-bern.ch • tgl. 8.30–19, Winter 9–17 Uhr • Eintritt 10 SFr, Kinder 6 SFr

Innere Stadt • Gerechtigkeitsgasse 31 • Bus: Rathaus • Tel. 0 31/3 11 95 85 • www.berner-puppentheater.ch • Mitte Okt.–Mitte Mai • Eintritt nachmittags 22 SFr, Kinder 18 SFr, abends 28–32 SFr, Kinder 22–25 SFr

Creaviva
▶ S. 115, E 3

Klee für Kleine? Das trifft es nicht ganz. Was da unter dem Dach des neuen **Zentrums Paul Klee** (▶ S. 84) entstanden ist, schafft es auf eindrucksvolle Weise, Kinder für das große Abenteuer Kunst zu begeistern. Nicht umsonst verweisen die meisten Termine im Berner Kinderkulturkalender »Leporello« auf Veranstaltungen im »Creaviva«. In den interaktiven Ausstellungen werden Kinder und ihre Eltern zur sinnlichen Auseinandersetzung mit den Themen der jeweiligen Wechselausstellungen eingeladen. Geht es also im »großen« Museum um Klees Begegnung mit dem Orient, können die Kids im »kleinen« diverse Märchen des Orients illustrieren, Öllampen basteln, Teppiche selber knüpfen, Sandbilder gestalten und ihre Hände mit Ornamenten verzieren. Außerdem werden verschiedene Klee-Motive sprichwörtlich zum Leben erweckt oder individuell nachgebaut. Art Workshops und offene Ateliers widmen sich darüber hinaus Themen wie Bewegung und Architektur und behandeln grundlegende Fragen von Farbe, Form und Gestaltung. Dazu werden Familienworkshops wie »Musik, Malerei und Tanz« angeboten. Weil auch Erwachsene mit Kinderaugen staunen können, spricht das Creaviva ausdrücklich alle Besucher zwischen vier und 88 Jahren an. Kirchenfeld-Schosshalde • Monument im Fruchtland 3 • Bus: Zentrum Paul

Das Marzilibad (▶ MERIAN-Tipp, S. 55) hat zwar auch ein 50-m-Schwimmbecken, aber als Klassiker gilt das Baden in der kalten Aare vor dem Bundeshaus.

Klee • Tel. 0 31/3 59 01 01 • www.crea viva-zpk.org • Di–So 10–17 Uhr • interaktive Ausstellung Eintritt frei, offenes Atelier 15 SFr (12, 14, 16 Uhr)

Seilpark Bern   ▶ S. 119, E 6

Wer den Affen in sich rauslassen will, egal ob groß oder klein, kommt an diesem Ausflug in den Dählhölzliwald im Süden Berns nicht vorbei. Mitten in dem natürlichen Baumbestand hat die Firma Ropetech 2004 einen Hochseilgarten eröffnet. Seither wurde die Anlage immer wieder erweitert und mit neuen Attraktionen ausgestattet: etwa mit einer »Gastroplattform«, einer Kletterwand und einem spektakulären Pendelsprung. Mit zusammen 2000 m Strecke und 80 Plattformen ist der Berner Seilpark einer der größten in der Schweiz.

Auf den sieben verschiedenen Parcours bewegt man sich in Höhen bis 23 m. Vorkenntnisse sind nicht notwendig – also dürfen auch Kinder

auf die Bäume, müssen sich allerdings bis zum Alter von 14 Jahren in Begleitung Erwachsener befinden. Erst bei Gewittergefahr und starkem Wind ist Schluss mit lustig, normaler Regen hält den Betrieb nicht auf. Drei bis vier Stunden dauert der Besuch im Seilpark normalerweise. Bevor es losgeht, muss man sich online registrieren lassen und einen theoretischen Test absolvieren. Wer diese notwenige Formalität erst vor Ort erledigen möchte, sollte dafür etwa eine halbe Stunde Zeit einplanen. Kirchenfeld-Schosshalde • Thunplatz • Bus, Tram: Thunplatz • Tel. 0 31/3 51 09 11 • www.ropetech.ch • Anf. April– Ende Nov. tgl. 10–19 Uhr (Nov. 10– 18 Uhr), Nachtparcours nach Anmeldung Fr 19–22 (ab Okt. 18–22 Uhr) • Eintritt 38 SFr, Kinder 26 SFr

Weitere Familientipps sind durch dieses Symbol gekennzeichnet.

Figurenspiel jeweils zur vollen Stunde –
dann ist die Kramgasse mit dem Platz vor
dem mittelalterlichen Zeitglockenturm
(▶ S. 72) alles andere als menschenleer.

Unterwegs **in Bern**

Verwinkelte Gassen, markante Türme, Arkaden für Flaneure – im Gesamtkunstwerk der historisch gewachsenen Altstadt finden sich an jeder Ecke Meilensteine der Architektur, Kunst und Geschichte.

Sehenswertes
Kopfsteinpflaster, enge Gassen, romantische Lauben – das Zentrum der UNESCO-Welterbestadt »atmet« Mittelalter und ist modern zugleich. Von hier aus wird schließlich die Schweiz regiert.

◄ Dem Himmel so nah: Das gotische Berner Münster (▶ S. 62) ist mit 100 m das höchste Gotteshaus der Schweiz.

Berns Stadtkern ist ein Gesamtkunstwerk. Eine städtebauliche Besonderheit, die über Jahrhunderte intakt blieb, weil die Flussschleife der Aare einer Expansion gen Westen Grenzen setzte. Eine Ausdehnung war nur gen Osten oder über Brücken hinaus möglich. Freilich stößt man heute im geschlossenen Berner Bauensemble auch auf Zeugen moderner Architektur: etwa auf das famose **Wasserspiel am Bundesplatz**. Es verdrängte nach jahrzehntelangen Diskussionen einen unansehnlichen Parkplatz, und so entstand – mitten in der Stadt – eine Oase für Berner und Besucher, die, vor allem im Sommer, regen Zulauf verzeichnet. Geschichtsträchtig präsentiert sich wiederum das **Bundeshaus** mit den charakteristischen Kuppeldächern. Es stellt in seinen Skulpturen, Friesen und Glasarbeiten Ereignisse der Schweizer Historie dar. Und das jahrhundertealte **Münster** ist dank gemäßigter Ausschreitungen während des Bildersturms zur Zeit der Reformation ein kulturhistorisches Denkmal ersten Ranges geblieben. Ein Turmaufstieg ermöglicht einen einmaligen Blick über die gewachsene Struktur der Stadt, ihre verwinkelten Gassen und alten Festen.

SEHENSWERTES

Bärenpark 2   ▶ Klappe vorne, e 3
Dem Bären, Wappentier der Stadt, begegnet man in Bern auf Schritt und Tritt. Allgegenwärtig grüßt er von Ansichtskarten, Zunftzeichen oder Lebkuchen. Der Legende nach gedachte der Stadtgründer Berch-

told V. von Zähringen die Siedlung nach dem ersten Tier zu benennen, welches er hier erlegen würde. Auf der Aarehalbinsel soll er einen Bären gejagt haben – dem die Stadt schließlich ihren Namen verdankt. Historiker halten dies für Jägerlatein, doch solange sie das Gegenteil nicht beweisen können, ist der Mythos viel spannender. Auf jeden Fall haben die Berner bereits 1480 beschlossen, in den Stadtgräben echte Bären anzusiedeln. Zunächst brummten sie in der Stadt selbst, dann im Bärengraben und nun im Bärenpark – ein 6000 qm großes Areal am Hang der Aare, direkt bei der Tourist-Info im Alten Tramdepot. Der Rundgang um das Gelände steht rund um die Uhr offen, Fütterungen finden zwischen 8 und 17 Uhr statt. Innere Stadt • Grosser Muristalden 6 • Bus: Bärengraben • www.baerenpark-bern.ch

Beatrice-von-Wattenwyl-Haus
▶ Klappe vorne, d 3
Die von Wattenwyls zählen zu den bekannten Berner Patrizierfamilien, die vor den Napoleonischen Kriegen die politische Macht in Bern innehatten. 1934 vermachte Emanuel von Wattenwyl das Wohnhaus der Familie im Namen seiner verstorbenen Gattin Beatrice der Schweizerischen Eidgenossenschaft. Seither nutzt es der Bundesrat u. a. für den Empfang von Gästen oder für politische Gespräche. Die Geschichte des Stadtpalais geht bis ins Jahr 1446 zurück, seine heutige Größe erhielt es 1706 durch die Erweiterung mit einem schmuckvollen Südtrakt im Stil Louis XIV. Von der Junkerngasse aus gesehen wirkt das Gebäude eher unauffällig. Ein Blick von der Münsterplattform auf die Rückseite lässt jedoch erah-

nen, wie großzügig die von Wattenwyls residierten: Freitreppe und Balkon, dazu eine riesige Terrasse und die stufenförmig angelegten Gärten, die bis zur Aare reichen. Das Haus ist nur wenige Male im Jahr zugänglich. Innere Stadt • Junkerngasse 59 • Bus: Rathaus • www.bbl.admin.ch (unter Dienstleistungen/Tage der offenen Tür)

Berner Münster

▶ Klappe vorne, d 3

Das Münster ist das – im buchstäblichen Sinne – herausragende Gebäude in Bern: Die filigrane Turmspitze misst genau 100,6 m. Es ist damit das höchste Gotteshaus der Schweiz.

Das **Hauptportal** stellt das Jüngste Gericht dar und mahnt die Folgen unchristlichen Handelns an. Das Bogenfeld über dem Türsturz – geschaffen von Erhart Küng zwischen 1460 und 1480 – zeigt mehr als 280 Figuren, darunter viele, die sich für ihre Missetaten verantworten müssen und zum Teil drastische Strafen erleiden. Überhaupt ist die Auslegung des Reliefs außergewöhnlich: Nicht nur einfache Bauern, Bürger und andere »Klientel« wird hier zum Ablasshandel ermuntert, um dem Fegefeuer zu entgehen – dem Purgatorium sind hier auch Könige, Bischöfe und sogar Päpste ausgesetzt. Chronisten begründen mit diesem anarchistischen Ansatz – teils augenzwinkernd, teils ernsthaft – die Unversehrtheit des Tympanons während der Zeit des Bildersturms.

Wer mit der Kulturgeschichte nicht allzu viel anzufangen weiß, dürfte die Aussicht vom Berner Münster dennoch genießen. Über 254 bzw. 344 Stufen führt die Turmtreppe auf zwei Plattformen, die einen grandiosen Blick über die Stadt offenbaren, bis ins Berner Mittelland und auf die verschneiten Gipfel des Oberlands. Innere Stadt • Münsterplatz 1 • Bus: Rathaus • Tel. 0 31/3 12 04 62 • www.bernermuenster.ch • Sommer Mo–Sa 10–17, So 11.30–17, Winter Mo–Fr 12–16, Sa 10–17, So 11.30–16 Uhr, Turmbesteigung Schließung jeweils 30 Min. früher • Eintritt 5 SFr (nur Turm)

Botanischer Garten

▶ Klappe vorne, b 1

Am Nordende der Lorrainebrücke wartet mitten in der Stadt ein »buntes« Naherholungsgebiet auf die Besucher: Seit 1859 gedeiht der Botanische Garten zwischen Altenbergrain und Aare. Auf 2,6 ha, der Größe von 26 Fußballplätzen, wachsen im Freiland und in sieben Glashäusern etwa 6000 Pflanzenarten. Rund 1000 Bäume, Sträucher und Kleingehölz in den Außenanlagen verleihen dem Garten ein parkähnliches Flair. In den Gewächshäusern ist tropische und subtropische Vegetation zu sehen; im Tropen- und im Wüstengarten gedeihen Nutzpflanzen wie Kaffee und Vanille, Kakao oder Bananen. Das Alpinum ist auf einheimische Flora, aber auch alpine Pflanzen aus dem asiatischen und nordamerikanischen Raum spezialisiert. Ein Fest für die Augen bietet das Orchideenhaus – die Vielfalt, Farbenpracht und filigrane Blütenbildung dieser Gewächse fasziniert die Menschen seit über 2500 Jahren. Sie wurden als Heilmittel und Aphrodisiakum eingesetzt, die Azteken beteten sie als heilige Blume an. Breitenrain-Lorraine • Altenbergrain 21 • Bus: Gewerbeschule • Tel. 0 31/ 6 31 49 45 • www.boga.unibe.ch • 1. Okt.–28. Feb. tgl. 8–17, 1. März– 30. Sept. tgl. 8–17.30 (Freiland), tgl. 8–17 Uhr (Schauhäuser)

Bundeshaus 4 ▶ Klappe vorne, b 4

Das Bundeshaus in Bern ist das Pendant zum Reichstagsgebäude in Berlin. Hier sitzt die Schweizer Regierung, der Bundesrat; hier tagen die Abgeordneten des eidgenössischen Parlaments, der Bundesversammlung.

Der Komplex besteht aus drei Teilen: Das markante Parlamentsgebäude mit den drei Kuppeln am Bundesplatz wurde 1902 als letzter der drei Trakte fertiggestellt, zuvor war das Bundeshaus Ost entstanden (1888–1892). Die Arbeiten am heutigen Bundeshaus West, welches vom Bundesplatz aus gesehen rechts vom Parlamentsgebäude steht, begannen 1852, vier Jahre nachdem sich die Schweiz vom Staatenbund zum Bundesstaat wandelte. 1857 verließen Regierung und Parlament ihre Provisorien (darunter das Berner Rathaus) und bezogen das »Bundes-Rathaus«.

Während das westliche und das spiegelbildlich identische östliche Gebäu-

WUSSTEN SIE, DASS ...

... die beim Bau des Bundeshauses verwendeten Materialien und sämtliche beteiligten Arbeiter ausnahmslos aus der Schweiz stammten?

de im schlichten Neorenaissancestil angelegt wurden, versinnbildlicht die repräsentative Architektur und die künstlerische Ausstattung des Kuppelbaus den Stolz der Schweizer auf ihren Staat. Das Bundeshaus darf getrost als Nationaldenkmal bezeichnet werden, obwohl diese Titulierung im Gegensatz zu anderen Ländern offiziell nicht existiert. Architekt Hans Wilhelm Auer merkte 1885 an: »Es gilt ein Werk zu schaffen, das dem Lande zu unvergänglichem Ruhm dient, ein Symbol schweizerischer Einheit und Einigkeit, die höchste Bestätigung des nationalen Kunstsinns.«

Der mittlere Gebäudeteil mit vier korinthischen Säulen erinnert an die

Das Jüngste Gericht am Westportal des Berner Münsters (▶ S. 62): Mehr als 280 Figuren hat der Künstler Erhart Küng hier im ausgehenden 15. Jh. in Szene gesetzt.

MERIAN-Tipp 8

ELFENAU   ▶ S. 119, F 8

Anna Feodorowna, gebürtige Juliane von Sachsen-Coburg-Saalfeld, entfloh ihrer unglücklichen Ehe mit dem russischen Großfürsten Konstantin Pawlowitsch aus St. Petersburg und ließ sich 1813 in Bern nieder. Ein Jahr später erwarb sie das Brunnaderngut an der Aare mitsamt Landhaus, ließ es umbauen und ergänzte es mit einer Orangerie und einem englischen Landschaftspark. 1816 gab sie dem Ort – bis zur Reformation wirkten hier noch die Schwestern des Brunnadernklosters – den poetischen Namen Elfenau. Bis zum Tod der Gräfin 1860 war das Gut kultureller und gesellschaftlicher Treffpunkt der Berner Gesellschaft. Heute dient das Anwesen der Stadtgärtnerei als Sitz. Da versteht es sich von selbst, dass die Anlage topgepflegt ist und die Berner sie gern als Ausflugsziel nutzen. Das Areal zur Aare ist als Naturschutzgebiet ausgewiesen, das Schauhaus der Stadtgärtnerei zeigt eine Reihe exotischer Pflanzen. Wer möchte, kann den Ausflug mit einem Besuch des Tierparks verbinden, der nur etwa 15 Gehminuten vom Haupthaus entfernt ist. Kirchenfeld-Schosshalde • Elfenauweg 94 • Bus: Luternauweg • Tel. 0 31/3 50 16 20 • www.orangerie-elfenau.ch • Anlage ganzjährig geöffnet, Schauhaus tgl. 8–17 Uhr

antiken Tempel in Griechenland oder Italien. Im ersten Stock verkörpern zwei Frauenfiguren die hehren Werte Freiheit und Frieden (rechts). Die bei-

den Fabeltiere an den abfallenden Seiten des Spitzdaches symbolisieren Kraft (links) und Intelligenz. Auch die Skulpturengruppe auf dem Giebel zeigt drei Frauengestalten, eine davon, mit wehender Fahne, steht für politische Unabhängigkeit, flankiert wird sie von der »Exekutive« und »Legislative« (rechts). Die Inschrift »Curia Confoederationis Helveticae« bedeutet schlicht »Rathaus der Schweizerischen Eidgenossenschaft«. Die Kuppeln bestehen aus Kupfer; ihre Rippen waren ursprünglich vergoldet. Die Witterung hatte die Dekoration jedoch abgetragen, und die Gewölbedächer schimmerten bald gänzlich grün. Bei der großen Renovierung, die 2008 abgeschlossen worden ist, wurde der Komplex auf den technisch aktuellen Stand gebracht, zugleich aber versucht, so nahe am Original zu bleiben wie möglich. Nur die oxidierten Kuppeln glänzen weiterhin durchgehend grün.

Im Mittelbau imponiert die Vorhalle mit dem breiten Treppenaufgang, bewacht von zwei Bären, die ein Schild mit dem Schweizer Kreuz halten. Die Stufen führen zu den drei Eidgenossen Werner Stauffacher, Walter Fürst und Arnold von Melchtal, die 1291 auf der Rütliwiese am Vierwaldstätter See den Schwur zum gegenseitigen Schutz leisteten – und damit den Gründungsmythos der Schweiz schufen. Fast scheint es, als würde das weiße Kreuz auf rotem Grund in der gläsernen Dachkuppel über ihnen schweben, umrahmt von den Wappen der Kantone. Die Transparenz der Kuppel steht für die Verbundenheit der Parlamentarier mit dem Volk, das Licht strahlt sowohl in das Gebäude, als es auch – symbolisch – hinaus ins Volk leuchten soll.

WUSSTEN SIE, DASS ...

... die Straßenschilder der fünf Quartiere auf der Aare-Halbinsel unterschiedliche Fonds zieren, damit einst die Soldaten Napoleon Bonapartes problemlos ihre Unterkunft finden konnten?

Besucher werden über einen eigenen Eingang in das Bundeshaus geführt. Der Personalausweis ist für die Besichtigung abzugeben.
Innere Stadt • Bundesplatz 3 • Bus: Bundesplatz • Tel. 0 31/3 22 85 22 • www.parlament.ch (unter »Service und Presse«) • Führungen Mo–Sa 11, 14, Gruppen 9, 10, 15, 16, Do auch 17, 18, 19, ab Jan. 2012 Führungen Mo–Sa 11.30, 15, Gruppen 9.30, 13, 15, 16, Do auch 17, 18, 19 Uhr

Französische Kirche

▸ Klappe vorne, b 3

Die Französische Kirche hinter dem Kornhaus ist der älteste Sakralbau Berns. Sie wurde von einem Dominikanerorden gegründet, der sich 1269 in Bern ansiedelte und im Folgejahr mit der Errichtung der Kirche begann. Die Geschichte des Gotteshauses verlief wechselvoll: Im Zuge der Reformation schloss das Kloster, die verbliebenen Mönche konvertierten zum protestantischen Glauben. Ab 1534 diente der Chor als Kornhaus und die Sakristei als Speiseanstalt für Arme. Hundert Jahre später wurde es als Zucht- und Waisenhaus genutzt und gewährte zugleich vielen wegen ihres Glaubens flüchtigen Hugenotten aus Frankreich Asyl. Seit 1623 halten die Pfarrer ihre Gottesdienste in französischer Sprache.

Das ursprüngliche Gebäude, einstmals dem bescheidenen Geiste der Bettelmönche entsprechend einfach gestaltet, wurde im Laufe der Jahrhunderte vielfach verändert. Der gotische Bau erhielt im 18. Jh. seine barocke Westfront. Der Chor wurde restauriert, die schlichten Räume mit ihren beeindruckenden Proportionen sowie die großen Kirchenfenster, die das Innere mit viel Tageslicht versorgen, wieder hergestellt.

Wegzeiten (in Minuten) zwischen wichtigen Sehenswürdigkeiten

	Bärenpark	Botanischer Garten	Bundesplatz	Kunstmuseum Bern	Museum für Kommunikation	Schwellenmätteli	Stade de Suisse	Tierpark Dählhölzli	Zeitglockenturm	Zentrum Paul Klee
Bärenpark	–	22	16	20	18	14	27	22	16	22
Botanischer Garten	22	–	12	6	22	23	28	29	13	38
Bundesplatz	16	12	–	5	10	18	37	19	4	36
Kunstmuseum Bern	20	6	5	–	17	16	34	24	7	38
Museum für Kommunikation	18	22	10	17	–	11	42	7	10	29
Schwellenmätteli	14	23	18	16	11	–	42	18	10	31
Stade de Suisse	27	28	37	34	42	42	–	46	33	23
Tierpark Dählhölzli	22	29	19	24	7	18	46	–	17	31
Zeitglockenturm	16	13	4	7	10	10	33	17	–	32
Zentrum Paul Klee	22	38	36	38	29	31	23	31	32	–

Das Freizeitparadies der Berner: Auf den Gurten (▶ S. 67) drängen bei schönem Wetter die Massen – und verlaufen sich schnell in dem weitläufigen Gelände.

Wertvoll sind die Malereien im Lettner aus dem 15. Jh. – dem Trakt, der allein für die Mönche bestimmt war. Innere Stadt • Zeughausgasse 8 • Bus, Tram: Zytglogge • Tel. 0 31/3 11 37 32 • www.paroisse.gkgbe.ch (französisch) • Mo–Fr 9–11, 14–17, Sa 10–15 Uhr

Grabenpromenade

▶ Klappe vorne, c 3

Der Name täuscht, sofern man sich darunter eine Allee oder eine Chaussee vorstellt. An der Kornhausbrücke, gegenüber dem Stadttheater, lädt ein kleiner, begrünter Platz zum kurzen oder längeren Verweilen ein – die Grabenpromenade. In deren Mitte, mit Blick auf das Stadttheater, steht das Denkmal für Rudolf von Erlach, flankiert von zwei Berner Bären.

Es ist das erste Reiterstandbild der Schweiz, entworfen von dem Berner Künstler Joseph Simon Volmar. 1849 enthüllt, stand es bis 1961 auf dem Münsterplatz, direkt vor dem Westportal, dem heutigen Haupteingang. Der damalige prominente Platz weist auf die Bedeutung des Denkmals hin. Der Ritter Rudolf von Erlach war 1339 Heerführer der Berner Truppen im Krieg gegen jene verbündeten Soldaten aus den Adelshäusern der Burgunder und Habsburger.

Bern wurde nach dem Aussterben der Zähringer unabhängig und baute seine Machtposition an der Aare immer weiter aus. Die siegreiche Schlacht bei Laupen gegen einen schier übermächtigen Feind festigte diesen Status. Der Name Rudolf von Erlach steht seitdem als Synonym für bernische Treue und Tapferkeit – dabei ist nicht einmal endgültig gesichert, ob er die Truppen im Laupenkrieg tatsächlich angeführt hat. Innere Stadt • Kornhausplatz 20 (gegenüber dem Stadttheater) • Bus, Tram: Zytglogge

Gurten ⚡   ▶ S. 114, C 4

Die Berner nutzen jede sich bietende Gelegenheit, um ihrem Hausberg Gurten einen Besuch abzustatten: Der »Güsche« ist (nach knapp 15 Autominuten von Berner Zentrum) nur mit einer Standseilbahn von Wabern, Ortsteil der Gemeinde Köniz, zu erreichen. Kein Wunder also, dass an sonnigen Tagen und Wochenenden das Parkhaus an der Talstation der Gurtenbahn häufig besetzt ist und sich am Kassenhäuschen Schlangen bilden. Doch das Warten lohnt sich: In 864 m Höhe bietet sich ein grandioser Blick auf die Stadt, die Berner Alpen und die Gipfelkette des Jura. Wer die Plattform des Gurtenturms erklimmt, kommt noch höher hinaus und hinauf, auf exakt 878,5 m.

Der **Gurtenpark**, eröffnet 1999, ist ein Freizeitparadies für Familien – mit Kleineisenbahn, Spielplatz und Scooterbahn für Kids. Wer es etwas ruhiger mag, spaziert durch den Park und genießt den Blick auf die Bergspitzen am Horizont. Im Sommer teilt man sich die Kabine der Gurtenbahn oft mit Bikern, die sich den Herausforderungen des Downhill-Kurses stellen. Die kalte Jahreszeit gehört den Wintersportlern: Langlauf, Skisprung und natürlich Rodeln.

Als kultureller Höhepunkt des Jahres gilt das **Gurtenfestival** (▶ S. 51), wenn auf drei Bühnen internationale Topstars der Musikszene auftreten.

WUSSTEN SIE, DASS …

… Bern zwischen Juni und September einen 1800 qm großen Sandstrand anhäuft? Der Summer Beach liegt oberhalb des Bahnhofs an der Großen Schanze.

Wabern • Bus, Tram: Gurtenbahn • Tel. 0 31/9 70 33 33 • www.gurten park.ch, www.gurtenbahn.ch

Heiliggeistkirche

▶ Klappe vorne, a 3

Die Heiliggeistkirche ist das Hauptwerk des reformierten Kirchenbaus in der Schweiz. Von Albrecht Stürler und Nikolaus Schildknecht 1726 bis 1729 erbaut, weist das spätbarocke Gotteshaus klassizistische Elemente auf. Kunsthistoriker erkennen enge Bezüge zu den Arbeiten des Italieners Andrea Palladio (1508–1580). Dieser griff vorzugsweise auf Stilmittel der römischen Antike zurück und baute sie spielerisch in seine Konstruktionen ein. Im Inneren fallen die 14 korinthischen Säulen sowie die frei stehende Kanzel im Nordteil des Mittelschiffes auf. Fast drei Jahrhunderte zuvor hatte sich der Orden zum Heiligen Geist hier, vor den Toren der Stadt, niedergelassen. Im Lauf der Zeit entstanden ein Kloster, eine Kirche und ein Krankenhaus. Letzteres gab der Straße ihren Namen – Spitalgasse.

Die Heiliggeistkirche bietet rund 2000 Sitzplätze, und häufig ist »jede Menge los«. Das Haus ist eine »offene Kirche« und lädt all jene zu einem Besuch ein, »die sich einem Moment der Ruhe und der Geborgenheit hingeben möchten. Oder ein Gegenüber für ein Gespräch suchen«.

Innere Stadt • Spitalgasse 44 • Bus, Tram: Bern Bahnhof • Tel. 0 31/3 70 71 14 • www.heiliggeistkirche.ch, www.offene-kirche.ch • Di, Mi 11–18.30, Do 11–20.30, Fr 11–16.30 Uhr

Käfigturm   ▶ Klappe vorne, b 3

Der Name lässt es erahnen: Der Käfigturm diente über Jahrhunderte als Gefängnis und schottete bis Ende des

19. Jh. Kriminelle von der Gesellschaft ab. 1641 wurde er komplett neu erbaut und erhielt seine heutige Form. Die Fundamente stammen aus dem 13. Jh.: Da schützte das Gloggnerstor als Wehrturm der Stadtmauer die Bürger vor feindlichen Überfällen. Diese Funktion wurde aber bald hinfällig, da Bern schnell wuchs und seine Grenzen erweiterte. Als nach dem großen Brand des Jahres 1405 der Zeitglockenturm nicht mehr weiter als Zuchthaus genutzt werden konnte, wurden die Übeltäter in den Vorgängerbau des Käfigturms verlegt.

Bis 1897 saßen hier Gesetzesbrecher ein, dann wurden die verbliebenen 70 Delinquenten in das neue Bezirksgefängnis überführt, und der Käfigturm diente als Archiv. Eine Tradition hat man beibehalten: Der Eintritt ist frei. Heute darf man allerdings auch gehen, wenn man keine Lust mehr hat zu bleiben. Die Kerkertür einer Zelle von 1830 erinnert an diese düstere Geschichte: An der Rückseite finden sich einfache Gravuren, mit denen sich die gelangweilten Insassen im Holz verewigt haben. Frei zugänglich für Besucher ist auch das Uhrwerk, das noch heute den großen Zeitmesser mit den roten Zifferblättern an den Hauptseiten antreibt. Jeden Tag muss ein Mitarbeiter in das oberste Stockwerk steigen, um das Uhrwerk mit den schweren Gewichten anzuwerfen, wobei hier nur die Stunden, nicht aber die Minuten angezeigt werden.

Der Käfigturm ist mehr als ein Museum: Er birgt seit dem Jahr 1999 das »Polit-Forum des Bundes«, ein Informationszentrum der Bundeskanzlei und der Parlamentsdienste. In zahlreichen Ausstellungen werden außerdem politische Themen aufgegriffen und auf diversen Podiumsdiskussionen behandelt, von der Sprachvielfalt und Sprachkompetenz in der Schweiz bis hin zu Leben und Wirken Nelson Mandelas. Auch vor heißen Eisen wird nicht zurückgeschreckt. Das betrifft beispielsweise den Bergier-Bericht einer unabhängigen Expertenkommission von 2002 über jene Vermögenswerte, die während des Zweiten Weltkriegs in die Schweiz gelangt sind.

Innere Stadt • Marktgasse 67 • Bus, Tram: Bärenplatz • Tel. 0 31/3 22 75 00 • www.kaefigturm.ch • Mo–Fr 8–18, während Ausstellungen zusätzlich Sa 10–16 Uhr, Sommerpause etwa 4 Wochen im Juli

Kirche St. Peter und Paul

▸ Klappe vorne, d 3

Ein architektonisches Meisterwerk stellt die Kirche St. Peter und Paul dar. Sie ist das erste römisch-katholische Gotteshaus der Stadt und wurde von 1858 bis 1864 errichtet. Die gestalterische Idee ging aus einem internationalen Wettbewerb hervor, den ein französisches Architektenteam gewann, dem Édouard Deperthes angehörte, Schöpfer des Pariser Rathauses. Das Gebäude gilt als eines der wichtigsten Werke der Neugotik. Die Baumeister griffen auf Elemente der Romanik und Frühgotik zurück, die der Kirche ihr charakteristisches Aussehen verleihen. Nur der Innenraum war ursprünglich überraschend spröde: keine Mosaikfenster, keine Orgel, das Gewölbe unverputzt. Erst gegen Anfang des 20. Jh. wurde hier Hand angelegt. Bei der Gestaltung der Deckenmalereien und der farbigen Fenster stand der Jugendstil Pate. Der Bischofsstuhl im Chor weist daraufhin, dass St. Peter und Paul

Traditioneller Rahmen: Im monumentalen Kornhauskeller (▶ S. 69) wurden ursprünglich Weine gelagert. Das vergoldete Riesenfass im Zentrum erinnert noch heute daran.

zugleich die Kathedrale des christkatholischen Bischofs der Schweiz ist. Innere Stadt • Rathausgasse 2 • Bus: Rathaus • www.stpeterundpaul.ch

Kornhaus   ▶ Klappe vorne, c 3

Eines der auffälligsten Gebäude Berns ist das für hiesige Verhältnisse monumentale Kornhaus. Von 1711 bis 1718 erbaut, lagerten in den drei Geschossen bis Ende des 19. Jh. die staatlichen Getreidevorräte. Häufig wurden die Feldfrüchte von weit her importiert, zum Teil sogar aus Sizilien. Im Winter, wenn die heimische Ernte aufgebraucht war, bot man das Getreide zu vergleichsweise geringen Preisen auf dem Markt zum Kauf an. Im Keller lagerten die Berner darüber hinaus die Weine des Waadtlandes und des Bielersees. Als Napoleons Truppen Ende des 18. Jh. Bern besetzten, sollen bei der Plünderung der Fässer, so erzählt man sich ein wenig schadenfroh, sechs französische Soldaten »ertrunken« sein.

Das aktuelle Kornhaus beherbergt u. a. mit der **Kornhausbühne** des benachbarten Stadttheaters eine Kultur- und Begegnungsstätte sowie das Forum für Medien und Gestaltung. Außerdem laden ein Café und der imposante **Kornhauskeller** (▸ S. 25) im Untergeschoss zur Einkehr ein.
Innere Stadt • Kornhausplatz 18 •
Bus, Tram: Zytglogge

Lauben 6 ▸ Klappe vorne, b 3–d 3

Weltberühmt ist Bern für seine Lauben, jene Arkadengänge, die Anfang des 15. Jh. entstanden und sich über eine Länge von etwa 6 km durch die Altstadt ziehen. Nach den verheerenden Bränden im Mittelalter setzte man beim Wiederaufbau der Stadt nicht mehr auf leicht entflammbare Holzbauten, sondern verstärkt auf Sandstein als Baumaterial. So wurden noch existierende Holzhäuser zur Straße hin um Steinfassaden im Arkadenstil erweitert, was den Vorteil hatte, dass der so gewonnene Bereich als Handelsplatz dienen konnte.

Die Lauben benötigten jenen Raum, der üblicherweise den Gassen vorbehalten war. Deswegen wurden sie nur entlang der wichtigsten Längsverbindungen angelegt. Bei den meisten Quer- und Nebenstraßen fehlen sie oder wurden erst bei späteren Umbauten eingeplant. Da die Häuser Privateigentum, die Straßen und Gassen aber Eigentum des jeweiligen Patriarchen waren bzw. heute der Öffentlichkeit sind, gilt bis heute die Kuriosität, dass der Laubengang zwar dem jeweiligen Hausbesitzer gehört, er diesen aber dem allgemeinen Verkehr zugänglich machen muss.

Im 17. Jh. beschwerten sich die Bürger, weil Krämer und Kaufleute die Arkaden so sehr beanspruchten, dass kaum noch ein Durchkommen für die Passanten möglich sei. Daraufhin schränkte man die Verkaufsstände in den Laubengängen drastisch ein.

Die Talstation der 1885 in Betrieb genommenen Marzilibahn (▸ MERIAN-Tipp, S. 71) an der Weihergasse. Von dort geht's hinauf zur Bergstation auf der Bundesterrasse.

Freilich änderte auch das ihren Charakter bis in die heutige Zeit nicht: Die Berner Altstadt ist ein Einkaufsparadies, Boutiquen und Galerien, Delikatessengeschäfte und Markenfilialen reihen sich wie Perlen einer Kette nahtlos aneinander.
Innere Stadt

Nydeggkirche und Zähringerdenkmal ▸ Klappe vorne, e 3

Die historische Nydeggbrücke führt vom Bärengraben über die Aare in die Nydeggasse, und schon ist man mitten drin in der faszinierenden Altstadt von Bern. Da mag man – rechts des Weges und etwas nach hinten versetzt – leicht das kleine Kirchlein übersehen. Hier legte Herzog Berchtold IV. von Zähringen im 12. Jh. mit dem Bau der Nydeggburg den Grundstein für die Stadt Bern. Der darauf errichtete Wehrbau wurde um 1270 zerstört und an seiner statt von 1341 bis 1346 die Kirche erstellt, wie man sie heute kennt. Chor und Turm stehen auf den Grundmauern der Reichsfeste. Der Bedeutung des Platzes, heute Nydegghöfli benannt, unterstrichen die Berner 1968, als sie das Denkmal des Stadtgründers Berchtold V., Sohn des Burgherrn, von der Münsterplattform hierher verfrachteten.
Innere Stadt • Nydegghof 2 •
Bus: Läuferplatz

Rathaus ▸ Klappe vorne, d 3

Das Berner Rathaus ist das traditionsreichste Gebäude der Stadt. Seit bald 600 Jahren konzentriert sich hier die politische Macht von Stadt und Kanton. Erbaut von 1406 bis 1416, damals zählte Bern weniger als 5000 Einwohner, ist es bis heute Sitz der Kantonsregierung. Und trotz des

MERIAN-Tipp 9

MARZILIBAHN ▸ Klappe vorne, b 4

Die Marzilibahn ist mit 105 m Länge die kürzeste Standseilbahn Europas. Sie verbindet die Altstadt mit dem Marziliquartier am Ufer der Aare. Die 32 m Höhenunterschied bewältigt sie mit einer Geschwindigkeit von 3 m/Sek. in etwa anderthalb Minuten. Im Juli 1885 trat die Drahtseilbahn ihre Jungfernfahrt an. Der Antrieb war originell: Oben, an der Bergstation, wurde ein Tank unterhalb der Kabine mit Wasser gefüllt. Bei der Talfahrt zog diese viel schwerere Bahn die entgegenkommende Kabine nach oben. Das Wasserballastprinzip funktionierte bis zum Jahr 1973. Seitdem setzen die Verkehrsbetriebe der Stadt auf die elektrische Triebkraft. Eigentlich schade!
Innere Stadt • Bergstation Bundesterrasse 7 • Bus: Bundesplatz •
Talstation Münzrain 20 • Bus:
Marzilistraße • 6.15–21 Uhr •
1,20 SFr (einfache Fahrt)

wachsenden Raumbedarfs der Verwaltung erfüllt es immer noch seine zentrale Funktion. Der letzte große Umbau zwischen 1940 und 1942 gab dem repräsentativen Gebäude sein mittelalterliches Antlitz zurück. Sehenswert sind außen die Reliefs an der Rathaustreppe sowie die Säulenhalle im Erdgeschoss. Der Deckenstuck in der Wandelhalle stellt die Geschichte des Kantons Bern von der Stadtgründung bis ins 19. Jh. dar.
Innere Stadt • Rathausplatz 2 • Bus: Rathaus • Tel. 0 31/6 33 75 50 • Mo–Do 8.30–12, 13.15–17 Uhr

Rosengarten ▸ Klappe vorne, e 2

Einen der schönsten Ausblicke auf die Stadt bietet der Rosengarten, nur wenige Minuten vom Bärengraben entfernt. Früher ein Friedhof, wurde das Gelände 1913 in einen öffentlichen Park umgewandelt. Hier wachsen 223 Rosen-, 200 Iris- sowie 28 Rhododendronarten. Für den Seerosenteich schuf der Schweizer Bildhauer Karl Hänny die Skulpturen der Europa und des Neptun. Im **Pavillon** unweit des Restaurants (▸ MERIAN-Tipp, S. 29) kann man sich Bücher, Comics und Spiele ausleihen.
Kirchenfeld-Schosshalde • Alter Aargauerstalden • Bus: Rosengarten • ganzjährig geöffnet

Wasserspiel am Bundesplatz 👫 ▸ Klappe vorne, b 4

Der Bundesplatz entstand nach dem Abbruch einiger Gebäude zwischen 1894 und 1900 – seiner heutigen Bestimmung wurde er jedoch erst 2004 übergeben. Heute kaum mehr vorstellbar, dass der repräsentative Raum vor dem ehrwürdigen Bundeshaus zuvor als Parkplatz missbraucht wurde. Vor allem im Sommer treffen sich hier Berner und Besucher zu jeder Tages- und Nachtzeit. Der Grund ist das Wasserspiel: 26 Düsen – stellvertretend für die 26 Schweizer Kantone – »verstecken« sich zwischen den Natursteinplatten aus Valser Gneis. Wie von unbekannter Hand gesteuert schießen Wasserfontänen aus dem Boden empor, bis zu 7 m hoch. Die unbekannte Hand ist freilich ein Computer, der Intensität, Menge und Höhe der Fontänen regelt. Zur Fußball-Europameisterschaft 2008 waren die Wasserstrahlen rot und weiß illuminiert, den Nationalfarben der Gastgeber Österreich und Schweiz.

Das Wasser wird übrigens keineswegs verschwendet. Durch Entwässerungsrinnen fließt es in den Kreislauf zurück. Dem ausgeklügelten System genügen 60 Kubikmeter Wasser – das entspricht 300 Badewannenfüllungen. An heißen Tagen funktionieren die Berner den Bundesplatz samt Wasserspiel im Handumdrehen zum Freibad um. Die Winterpause (Ende Oktober bis März) wird für Wartungsarbeiten genutzt. Am Tag des Frühlingsanfangs dürfen die Fontänen dann wieder zu tanzen beginnen.
Innere Stadt • Bundesplatz • Bus: Bundesplatz • Frühlingsanfang–1. Nov. 11–23 Uhr (Di, Sa ab 14 Uhr)

Zeitglockenturm 🏆 ▸ Klappe vorne, c 3

Eine der Attraktionen der Schweizer Hauptstadt stellt der Zeitglockenturm dar, auf Berndeutsch »Zytglogge« genannt. Er bildete bis 1256 das Westtor der Stadt und markierte den Abschluss der ersten Stadterweiterung. Berns Bevölkerung wuchs im Mittelalter rasch, und so stand der Wehrturm 1344, nach der dritten territorialen Ausdehnung, mitten in der Stadt. Als militärisches Instrument hatte er somit – strategisch ungünstig positioniert – ausgedient. Nach dem Brand 1405 wurde er mit einer Uhr und einem Schlagwerk ausgestattet und gab fortan die Zeit an.
Aus dieser Epoche stammt auch das **Astrolabium**, ein Planetenmesser, der noch heute auf dem Zifferblatt sitzt. Das berühmte und ebenfalls tadellos funktionierende **Glockengeläut** vollendete der Waffenschlosser Kaspar Brunner 1530. Das dazugehörige Uhrwerk ist 2,90 m hoch, die Radteile sind geschmiedet, die Zähne einzeln eingesetzt und verkeilt oder verschraubt.

Rechtzeitig da sein: Das Figurenspiel am Zeitglockenturm mit der bekannten astronomischen Uhr (▸ S. 72) setzt jeweils wenige Minuten vor der vollen Stunde ein.

Das **Figurenspiel** an der Ostseite des Turms ist ebenso faszinierend wie kurios und seiner Zeit voraus: Wer nichts verpassen will, sollte schon ein paar Minuten vor der vollen Stunde am Platze sein – genau genommen exakt 3,5 Min., denn dann kräht der goldene Hahn das erste Mal und kündigt das Spektakel an. Kurz darauf dreht der Bärenzug, Sinnbild der Stadtwache, seine Runde, und der Hahn meldet sich ein zweites Mal. Anschließend »bimmelt« der rote Harlekin mit seinen beiden Schellen die neue Zeit ein: Eine Narretei, fehlen doch weitere zwei Minuten zur vollen Stunde. Amtlich wird es erst, wenn Chronos, der Gott der Zeit, die Sanduhr dreht und mit dem Zepter den Takt für die vier Schläge der Turmglocke vorgibt. Zugleich läutet das vergoldete Männlein hoch droben im Glockenturm – Hans von Thann genannt – die Stundenglocke.

Chronos öffnet den Mund und zählt mit. Nach diesem letzten Ton kräht der Hahn ein drittes Mal und beendet die Vorführung.

Die Zytglogge hatte für die Bürger mehr Bedeutung als ein reiner Zeitmesser. Von hier aus wurden die Entfernungen in Wegstunden gemessen, die auf den Stundensteinen der Kantonsstraßen markiert sind. Beim Tordurchgang finden sich auch Längenmaße, früher Elle und Klafter, heute Meter und Doppelmeter, die als geeichte Einheiten zur Kontrolle von Waren dienten. Und nicht wundern, wenn der Berner am Turm uriniert – das Pissoir an der Außenseite ist eine öffentliche Bedürfnisanstalt.

Innere Stadt • Zwischen Marktgasse und Kramgasse • Bus, Tram: Zytglogge • www.www.zytglogge-bern.ch • Führungen unter Tel. 0 31/3 28 12 12 • April–Okt., 24.–31. Dez. tgl. 14.30–15.15 Uhr • Eintritt 15 SFr

Museen und Galerien
Die museale Szene Berns ist breit gefächert: Das Angebot reicht von Wissenschaft bis Geschichte, von etablierter und avantgardistischer Kunst bis zu Neuen Medien.

◄ Das Einstein Museum (▶ S. 75): eine Hommage an das Physikgenie, den Nobelpreisträger und Pazifisten.

Wie eingangs bemerkt: Das größte Museum von Bern ist – Bern. Doch neben den alten Mauern ist in den letzten Jahren auch aufregende moderne Architektur entstanden. Seit 2005 wogt das **Zentrum Paul Klee** des Stararchitekten Renzo Piano mit seinen geschwungenen Linien über einem Park im Osten der Stadt. Und vielleicht ist das der beste Weg, um das Gesamtkunstwerk Bern zu begreifen: Man wandert vom Bahnhof auf dem Themenpfad durch die gesamte Altstadt und über die Nydeggbrücke hinweg, dann hinauf zu den drei weit geschwungenen Wellen aus Stahl und Glas, die das Werk Paul Klees, eines der großen Avantgardisten der klassischen Moderne, bergen. In der Altstadt und drum herum gibt es jedoch noch viel mehr Kunst zu entdecken: **Kunstmuseum, Kunsthalle Bern**, das **Kunstmuseum Thun** und das **Museum Franz Gertsch** sind Institutionen von höchstem Rang. Als wollten sie den Charakter des »Alten« konterkarieren, präsentieren sie auffällig viel zeitgenössische Kunst. Wer mit Kindern in der Stadt unterwegs ist, sollte vor allem zwei Adressen ansteuern, das **Naturhistorische Museum** und das **Museum für Kommunikation** – beide mit spannenden und modernen Ausstellungskonzepten, die auch junge Besucher ansprechen. Eine vollständige Liste der Museen in Bern bieten Broschüre und Internetseite des Vereins Museen Bern (www.museen-bern.ch), und kulturinteressierte Besucher der Stadt sind mit der »Bern Card« (▶ S. 107) gut beraten.

MUSEEN
Einstein Museum 🟥8
▶ Klappe vorne, c 5

Kapiert eh keiner. Oder etwa doch? »Die Relativitätstheorie verstehen«, das sollen die Besucher des Einstein Museums, das nach der großen Jubiläumsausstellung 2005/2006 einen ständigen Platz im Historischen Museum Bern bekommen hat. Denn mit so einem VIP schmückt sich eine Stadt gern: In seinem »Wunderjahr« 1905 formulierte Albert Einstein (1879–1955) in Bern die Spezielle Relativitätstheorie, und hier rüttelte er neben seinem »Brotjob« am Eidgenössischen Amt für geistiges Eigentum (Patentamt) kräftig an den Grundfesten der klassischen Physik. Das wird im Museum nicht nur anhand gut inszenierter Text- und Bilddokumente gezeigt. Besucher können sich an verschiedenen Experimenten versuchen und zu einer virtuellen Reise in den Weltraum starten. Doch Einstein war auch ein politischer Mensch: Das Leben und Wirken des späteren Nobelpreisträgers (1921) und bekennenden Pazifisten wird mit Zeittafeln, Tönen und bewegten Bildern vorbildlich in den historischen Kontext des 20. Jh. gestellt. Kirchenfeld-Schosshalde • Helvetiaplatz 5 • Bus, Tram: Helvetiaplatz • Tel. 0 31/3 50 77 11 • www.einstein museum.ch • Di–So 10–17 Uhr • Eintritt 18 SFr (Kombiticket mit Historischem Museum)

Einstein-Haus   ▶ Klappe vorne, c 3
1903 zog er ein, 1905 zog er wieder aus. Insgesamt lebte Albert Einstein von 1902 bis 1909 in Bern, seine sieben Jahre in der Schweizer Bundeshauptstadt zählte der geniale Forscher im Rückblick zur glücklichsten

Drei große Wellen aus Stahl und Glas als Heimstatt für die Kunst: Das Zentrum Paul Klee (▶ S. 84) des Architekten Renzo Piano ist selbst ein Meisterwerk.

Zeit seines Lebens. Als technischer Experte III. Klasse am Berner Patentamt prüfte er an seinem berühmten Stehpult in Raum 86 nicht nur die Erfindungen anderer kluger oder wirrer Geister, sondern er revolutionierte quasi nebenbei, während und nach seiner täglichen Arbeitszeit, mal eben das Verständnis der Welt.

Seit 1977 besitzt die Berner Albert-Einstein-Gesellschaft die bescheidene Wohnung in der Kramgasse 49. Die Straße war schon damals eine der besten Adressen der Stadt. Nach vorsichtiger Renovierung bekommen Besucher heute einen weitgehend authentischen Einblick in die Welt von Albert Einstein, seiner Frau Mileva Marić und ihres hier geborenen Sohnes Hans Albert – auch wenn die Möbel nicht der Familie gehörten, sondern nur aus der Epoche stammen. Erstaunlich, wie beengt die Verhältnisse der Einsteins waren. Zusätzliche Einblicke bietet ein 20-minütiges

Video, das auch Einsteins ungeheures Gedankengebäude recht verständlich darstellt. Übrigens: Man nimmt an, dass Mileva Marić – Wissenschaftlerin wie ihr Mann – einen nicht unwesentlichen Anteil an der Entwicklung der Relativitätstheorie hatte. **Innere Stadt • Kramgasse 49 • Bus, Tram: Zytglogge • Tel. 0 31/3 12 00 91 • www.einstein-bern.ch • Feb.–März Mo–Sa 10–17, April–23. Dez. Mo–So 10–17 Uhr • Eintritt 6 SFr**

Kunsthalle Bern ▶ Klappe vorne, c 5

Seit 1918 wird in der Kunsthalle gezeigt, was neu und aufregend ist in der Kunst des 20. und 21. Jh. und was das Blut braver Bürger manchmal in Wallung bringt. Die Hauschronik verzeichnet bedeutende Einzelausstellungen von Henry Moore, Alberto Giacometti, Ernst Ludwig Kirchner, Paul Klee, Jasper Johns und Luc Tuymans. Zum 50. Geburtstag wurde das Bauwerk im Juli 1968 von Christo mit

2430 qm verstärktem Polyäthylen verhüllt. Ein Jahr später – Studentenunruhen erschüttern inzwischen die Gesellschaft, verkrustete Strukturen brechen auf – entfaltet sich der Skandal: Der 36-jährige Kurator Harald Szeemann – übrigens ein waschechter Berner – inszeniert die Ausstellung »Live in your head: When Attitudes become Form«. Er präsentiert die Werke nicht chronologisch oder thematisch, sondern setzt sie in Kontrast zueinander. Neue Formen wie Installationen und Happenings erobern den Raum – der Prozess des Werdens steht vielfach im Mittelpunkt, nicht dessen Ergebnis. Viele Objekte entstehen vor Ort.

Einer der Höhepunkte: der US-amerikanische Künstler Michael Heizer und seine Plastik »Berne Depression« – eine Betonkugel sprengt im wahrsten Sinne des Wortes den Asphalt vor dem Eingang der Kunsthalle auf. Das damals im bürgerlichen Mief versunkene Bern ist entsetzt. Harald Szeemann kündigt entnervt, nachdem er die Folgeausstellung mit Joseph Beuys nicht durchsetzen kann. Spätestens als Macher der documenta 5 in Kassel – die übrigens ähnliche Proteste hervorrief – gelangte er dann 1972 zu internationalem Ruhm.

Noch heute gilt in der Kunsthalle das Prinzip Aufbruch. Kunst soll nicht im Elfenbeinturm angebetet, sondern in ihrer Alltagsrelevanz immer neu vermittelt werden. Und nicht zuletzt soll sie Spaß machen: »Die Feste der Kunsthalle Bern, hinter denen manche Leute Orgien schlimmster Sorte vermuten, gehören zu den fröhlichsten und buntesten Anlässen, die Bern zu bieten hat.« Diese Zeilen schrieb das »Berner Tagblatt« versöhnlich am 30. September 1968.

MERIAN-Tipp   10

HISTORISCHES MUSEUM BERN
▶ Klappe vorne, c 5

Auch wenn die Wiege der Eidgenossenschaft am Ufer des Vierwaldstättersees im Osten liegt: Bern ist früh zur Eidgenossenschaft gestoßen, und schon während der Burgunderkriege von 1474 bis 1477 übernahm es ihre Führung. Da darf man von einem historischen Museum schon was erwarten. Hier bekommt man es: Erst 1894 errichtet, steht der Bau wie eine Mischung aus Märchenschloss und Ritterburg gegenüber der Altstadt am Helvetiaplatz. Das verspielte Gemäuer birgt eine der bedeutendsten kunsthistorischen und völkerkundlichen Schweizer Sammlungen. Sie zeigt, was Steinzeit, Kelten und Römer auf Berner Boden zurückließen, sie präsentiert prächtige Burgunder-Teppiche, sowie den Berner Silberschatz mit Meisterwerken europäischer Schmiedekunst. Daneben ist Kunst aus Asien und Ozeanien, Amerika und Ägypten zu sehen. Seit 2009 bietet der spektakuläre neue Anbau »Kubus/Titan« dem Museum noch mehr Platz.
Kirchenfeld-Schosshalde • Helvetiaplatz 5 • Bus, Tram: Helvetiaplatz • Tel. 0 31/3 50 77 11 • www.bhm.ch • Di–So 10–17 Uhr • Eintritt 18 SFr (Kombiticket mit Einstein Museum)

Kirchenfeld-Schosshalde • Helvetiaplatz 1 • Bus, Tram: Helvetiaplatz • Tel. 0 31/3 50 00 40 • www.kunsthalle-bern.ch • Di–Fr 11–18, Sa, So 10–18 Uhr • Eintritt 8 SFr

Kunstmuseum Bern

▶ Klappe vorne, b 2

Das älteste Kunstmuseum der Schweiz ist bis heute eines der bedeutendsten: 1879 wurde der erste Museumsbau eröffnet, die Anfänge reichen allerdings bis ins späte 18. Jh. und zur 1809 in Bern gegründeten Staatlichen Kunstsammlung zurück. Der Gebäudekomplex verfügt heute über mehr als 3000 Gemälde und Skulpturen sowie rund 48 000 Zeichnungen, Grafiken, Foto- und Filmdokumente aus acht Jahrhunderten. Eine besondere Kostbarkeit aus früher Zeit ist die »Maestà« von Duccio di Buoninsegna aus den Jahren 1308 bis 1311. Ansonsten bietet die Gemäldesammlung einen großartigen Querschnitt der abendländischen Malerei bis heute – mit Namen wie Manet und Cézanne, Klee, Dalí, Picasso, Rothko und Pollock.

Innere Stadt • Hodlerstr. 8–12 • Bus, Tram: Bollwerk • Tel. 0 31/3 28 09 44 • www.kunstmuseumbern.ch • Di 10– 21, Mi–So 10–17 Uhr • Eintritt 7 SFr (Sammlung), bis 18 SFr (Wechselausstellungen)

Museum Franz Gertsch

▶ S. 120, C 9

Ein lohnenswerter Ausflug: Knapp 25 km Fahrtweg nordöstlich von Bern – mit der Bahn benötigt man nur 15 Minuten – liegt mitten im sehenswerten Stadtkern von Burgdorf das Museum Franz Gertsch. Drei Betonkuben tragen seit 2002 den Namen eines der wichtigsten zeitgenössischen Künstler der Schweiz.

Franz Gertsch, geboren 1930 in Mörigen im Kanton Bern, gelang 1972 auf der documenta 5 in Kassel sein internationaler Durchbruch. Auch auf den Biennalen 1999 und 2003 in Venedig stellte er seine Werke aus.

Das privat finanzierte Museum Franz Gertsch präsentiert auf mehr als der Hälfte der Ausstellungsfläche Wechselausstellungen mit Werken zeitgenössischer Künstler. Im Mittelpunkt steht jedoch das malerische und grafische Schaffen von Franz Gertsch aus den Jahren 1987 bis 2004, das hier fast vollständig gezeigt wird. Vor allem die fotorealistischen Porträts sowie die detaillierten Naturstudien beeindrucken. Einzigartig sind die riesigen Holzschnitte, für die der Künstler die Möglichkeiten dieses traditionellen Mediums aufs äußerste ausreizte – schon die Herstellung derart großformatiger Druckpapiere (8 x 4,5 m!) mag vielen Betrachtern nahezu unmöglich erscheinen. Die klaren Linien der Architektur und die raffinierte, stets indirekte Lichtführung machen das Museum selbst zu einer Art Kunstwerk.

Burgdorf • Platanenstr. 3 • S-Bahn: Bahnhof Burgdorf (5 Min. Fußweg) • Tel. 0 34/4 21 40 20 • www.museumfranzgertsch.ch • Mi–Fr 10–18 (Mi bis 19), Sa, So 10–17 Uhr • Eintritt 12 SFr, Samstag 8 SFr (Museumstag)

Museum für Kommunikation 👥

▶ Klappe vorne, c 5

Wie sagen wir, was wir wollen? Wie drücken wir aus, was wir nicht wollen? Das Museum für Kommunikation hilft, diese Fragen zu beantworten – teils mit altmodischen Schaustücken, wie einem Telefon mit Wählscheibe, anhand dessen man den Kids erklärt, wie »Mutta und Vatta« einst die »Omma« angewählt haben. Die Möglichkeiten der heutigen Kommunikation dagegen demonstriert die »Telematic Vision«: Eine Leinwand zeigt die Couch, auf der man gerade sitzt – nur tummeln sich auf der Pro-

jektion andere Darsteller: Man winkt, die anderen winken zurück. Bei der Telematic Vision agieren Menschen, die dasselbe quasi spiegelverkehrt erlebt haben. Einfach ausprobieren! Das Museum will ausdrücklich Spaß machen. Neben den drei Dauerausstellungen erweitern wechselnde Themenschwerpunkte das Spektrum. Interaktivität wird großgeschrieben. Es gibt virtuelle Inszenierungen, die einen in die Zukunft der künstlichen Räume mitnehmen.
Kirchenfeld-Schosshalde • Helvetiastr. 16 • Bus, Tram: Helvetiaplatz • Tel. 0 31/3 57 55 55 • www.mfk.ch •

Di–So 10–17 Uhr • Eintritt 12 SFr (Dauerausstellung), 9 SFr (Wechselausstellungen), 15 SFr (Kombiticket)

Naturhistorisches Museum 👫

▸ Klappe vorne, c 5

Hier gibt's was zu lernen, darum sind wochentags gern Schulklassen unterwegs. Das Naturhistorische Museum ist aber viel mehr als ein verlängertes Klassenzimmer. Das liegt nicht zuletzt daran, dass die Museumsmacher eine wichtige Regel beherzigt haben: Naturwissenschaft beginnt mit dem Staunen über die Phänomene der Natur. Und gestaunt wird hier viel. Etwa über die 200 Tier-Dioramen, die kleine wie große Betrachter nach Asien, Amerika und Afrika versetzen, aber auch in die Schweizer Alpen. Apropos, im Erweiterungsbau aus dem Jahr 1998 werden im Rahmen der erdwissenschaftlichen Ausstellung mehrere der spektakulärsten

Das Kunstmuseum Bern (▸ S. 78) wurde 1879 bezogen und beherbergt Werke aus acht Jahrhunderten, darunter Gemälde von Paul Klee, Pablo Picasso oder Ferdinand Hodler.

Mineralienfunde der Alpen gezeigt. Auch eine außergewöhnliche Sammlung von Meteoriten ist zu sehen. Aber zurück zur Tierwelt: »Die große Knochenschau« weckt eine 150 Jahre alte Kollektion von Skeletten verschiedenster Größe zu zeitgemäßem Leben. Damit man sieht, dass Finnwal und Spitzmaus trotz augenfälliger Unterschiede irgendwie doch miteinander verwandt sind. Weitere Dauerausstellungen wie »C'est la vie – dem Rätsel Leben auf der Spur«, »Flossen – Füße – Flügel« oder »Käfer & Co« vermitteln anschaulich, auf spannende und angenehm spielerische Weise Wissen, das man nicht so leicht vergisst. Als besonders interessant erweist sich auch die neue Dauerausstellung mit der etwas unglücklichen Bezeichnung »Vielfalt-Spektrum«: Hier forscht man mithilfe einer 20-fach vergrößernden Videokamera in Muscheln, Schnecken, Gesteinen oder Fossilien nach Unterschieden bzw. verblüffenden Gemeinsamkeiten der Natur. Kirchenfeld-Schosshalde • Bernastr. 15 • Bus, Tram: Helvetiaplatz • Tel. 0 31/3 50 71 11 • www.nmbe.ch • Mo 14–17, Di, Do, Fr 9–17, Mi 9–18, Sa, So 10–17 Uhr • Eintritt 8 SFr

SBB Historic-Infothek ▸ S. 116, A 4

Wenn in der aktuellen Diskussion um den öffentlichen Verkehr und die Eisenbahn nach Vorbildern gefragt wird, fällt der Name Schweiz meistens an erster Stelle. Wie es die Schweizer Bundesbahnen (SBB) seit ihren ersten Anfängen vor etwa 150 Jahren geschafft haben, zum Musterknaben in Sachen Schienenmobilität zu werden, das dokumentiert die Stiftung Historisches Erbe der SBB. Ihre Infothek nahe dem Berner Bahnhof ist Hauptanlaufpunkt und Pilgerstätte für Eisenbahnfans. Hier haben sie sozusagen Zugang zur kompletten Schweizer Bahngeschichte. Sie erhalten Einsicht in Eisenbahnliteratur aus aller Welt, kompetenten Rat bei Recherchen, Zugang zu einschlägigen Zeitschriften und Nachschlagewerken sowie, nach Voranmeldung, zu den historischen und audiovisuellen Archiven der Stiftung. Innere Stadt • Bollwerk 12 • Bus, Tram: Bern Bahnhof • Tel. 0 51/2 20 22 12 • www.sbbhistoric.ch • Mo–Fr 9–12, 13.30–17 Uhr • Eintritt frei

Schloss Hünegg

▸ S. 115, südöstl. F 4

Schöner wohnen! Am Nordufer des Thunersees, inmitten eines Parks mit hohen, alten Bäumen, steht das hübsche Schlösschen mit seinen Türmchen und Giebelchen und Erkerchen. Überhaupt darf man das »-chen« getrost an nahezu alles hängen, was Hünegg betrifft. Baron Albert Emil Otto von Parpart, ehemaliger Offizier in Diensten des preußischen Königs, hatte zunächst das große Stück Land auf dem Seebühl westlich von Hilterfingen gekauft und dann 1861 bis 1863 das Schloss erbauen lassen. Sein junger Berliner Architekt Heino Schmieden zitierte in seinem Entwurf zahlreiche Elemente der französischen Renaissancearchitektur. Innerhalb der Mauern regieren dagegen schönster Historismus und Jugendstil. Seit 1900 ist die sehenswerte Ausstattung unverändert erhalten geblieben. Heute bildet sie den Rahmen für Zeitreisen in die untergegangene Wohnwelt der Belle Époque sowie für Kammermusikkonzerte. Hilterfingen • Staatsstr. 52, 3652 • Zug oder S-Bahn: Bern–Thun, Bus: Hilterfingen, Richtung Hünibach Chartreuse • Tel. 0 33/2 43 19 82 • www.schlosshuenegg.ch • Mitte Mai–Mitte Okt. tgl. 14–17, So ab 11 Uhr • Eintritt 9 SFr

Schloss Jegenstorf   ▶ S. 120, B 9

Ein Hauch von Weltgeschichte weht durch das hübsche Gemäuer. Hier hatte der Oberbefehlshaber der Schweizer Armee, General Guisan, in den Kriegsjahren 1944 und 1945 sein Hauptquartier aufgeschlagen. Schon damals lebte der General in einem Museum, das 1936 für die bernische Wohnkultur geschaffen wurde. Die wenigsten Berner Bürger dürften jedoch in solch prachtvollen Einrichtungen gewohnt haben. Neben dem kostbaren Mobiliar mit Kommoden, Sekretären, Uhren und Spiegeln fallen auch mehrere sehr wertvolle Kachelöfen aus dem 18. Jh. ins Auge. In der Geschlossenheit seiner vornehmlich barocken Interieurs hat Jegenstorf in der gesamten Schweiz nur wenige Gegenstücke. Bereits nach 1720 war die ursprünglich mittelalterliche Wasserburg zu einem eleganten Landsitz umgebaut worden. Was den Besuch heute doppelt lohnend macht, ist ein abschließender Spaziergang durch den prachtvollen Schlosspark mit seinen mächtigen Platanen. Jegenstorf • General-Guisan-Str. 5 • RE oder S-Bahn: Bern–Jegenstorf • Tel. 0 31/7 61 01 59 • www.schloss-jegenstorf.ch • Mai–Okt. Di–Sa 13.30–17.30, So 11–17.30 Uhr • Eintritt 7 SFr

Schweizerisches Alpines Museum   ▶ Klappe vorne, c 5

»Na Obelix! Wie ist denn Helvetien so als Land?« – »Flach.« Obelix hat das Beste verpasst. Im Weinrausch verschlief er, wie Asterix ihn am Seil über steile Felsen zog, auf der Suche nach dem heilsamen Edelweiß. Nein, wer Schweiz hört, hat keine flache Landschaft vor Augen, sondern hohe Berge wie Eiger, Mönch und Jungfrau. Das berühmte Dreigestirn dominiert die Berner Skyline im Süden. In Bern residiert der Schweizer Alpen-Club, in Bern steht auch das Schweizerische Alpine Museum (SAM). Von 1990 bis 1993 vollständig neu eingerichtet, vermittelt das SAM heute einen konsequent modernen Blick auf das Gebirge. Es zeigt die Alpen als Natur- und Kulturlandschaft: Dazu gehören die großen Reliefs im Erdgeschoss ebenso wie die Sammlungen zur Vergangenheit und Gegenwart des alpinen Lebensraums. Wie haben die Bergbewohner seit Jahrhunderten im Hochgebirge überlebt, wo wohnen und arbeiten sie? Wie kommen andere Menschen darauf, zum Spaß auf die Gipfel zu steigen? Welchen Einfluss hat der Klimawandel auf die Bergregionen und welche Perspektiven hat der alpine Tourismus? Das Verhältnis zwischen Berg und Mensch ist vielschichtig – und schon Jahrhunderte alt. Auch die Kunst hat ihren Platz: In den Sammlungen des Museums finden sich Gemälde und Druckgrafik aus den »goldenen Jahren« des Alpinismus und moderne Bergfotografie. Kirchenfeld-Schosshalde • Helvetiaplatz 4 • Bus, Tram: Helvetiaplatz • Tel. 0 31/3 50 04 40 • www.alpines museum.ch • Mo 14–17.30, Di–So 10–17.30 Uhr • Eintritt 12 SFr

Schweizerisches Freilichtmuseum Ballenberg 🔴9 🚻   ▶ S. 121, D 10

Diese Zeitreise wird nicht im Raumschiff angetreten, sondern am besten mit der Eisenbahn: Vom Bahnhof in Brienz (80 Min. ab Bern) fahren Busse zurück in die Vergangenheit. Denn wer erst mal das riesige Areal betreten hat, glaubt sich nach Heidiland versetzt, in die heile Welt der »echten« Schweiz. 660 000 qm umfasst der Landschaftspark zwischen Brünigpass und Brienzersee, auf dem zwischen 1968 und 1978 das Freilichtmuseum entstanden ist. Ballenberg war von Anfang an kein bloßes Ausflugsziel, sondern gewissermaßen ein volkskundliches Inventar. Hier will man nach allen Regeln der Wissenschaft und Denkmalpflege zeigen, wie die Schweizer in früherer Zeit lebten und arbeiteten.

Mittlerweile stehen rund 100 historische Objekte auf dem Gelände, Hof- und Stallgebäude, alte Werkstätten, Sägewerke, Schmieden und Kornspeicher. Alle Bauwerke sind an ihren alten Standorten fachgerecht abgetragen worden. In Ballenberg hat man sie dann, regional gegliedert, in neuen Ensembles wieder aufgebaut, sodass Besucher dort quasi zu Fuß durch die ganze Schweiz spazieren können: Vom Jura ins Mittelland, über Wallis und Tessin in die Zentralschweiz und hinüber nach Graubünden. Hier herrscht keine museale Stille, sondern das bunte Leben, und zwar nicht nur in den blühenden Bauerngärten. Die Häuser dürfen betreten und genauestens inspiziert werden, von der Küche bis in die Schlafkammer. Und altes Handwerk wird nicht auf Tafeln oder Video-Screens gezeigt, sondern von Meistern der Zunft »live« ausgeübt. Hier wird geschmiedet, gewebt und geklöppelt, dort gebacken, gekäst und gemahlen. Ein erstklassiges Ziel also für die ganze Familie. Nicht zuletzt auch wegen der zahlreichen, teils selten gewordenen Bauernhoftiere, die in Ballenberg zu Hause sind: Wollhaarige Weideschweine, Diepholzer Gänse, Pfauenziegen, Spiegelschafe ...
Brienz • Zug Bern–Interlaken–Brienz, mit Bussen zu den Eingängen West und Ost • Tel. 0 33/9 52 10 30 • www.ballenberg.ch • Mitte April–Ende Okt. tgl. 10–17 Uhr • Eintritt 20 SFr

Schweizerisches Schützenmuseum   ▶ Klappe vorne, c 5

Armbrüste gibt es hier auch, na klar. Aber seit Wilhelm Tell hat sich die Waffentechnik nicht unerheblich weiterentwickelt, und das sieht man den Exponaten, vornehmlich Schützengewehren aller Art, auch an. Freilich handelt es sich nicht einfach um einen aufgebrezelten »Gun Shop« oder gar eine Militaria-Sammlung, sondern um ein echtes Stück Schweizer Kultur, dem hier gehuldigt wird. Als die Organisatoren des Eidgenössischen Schützenfestes des Jahres 1885 nach der Veranstaltung in Bern eine »Schützenstube« mit diversen Trophäen einrichteten, waren die Schützenvereine noch wichtige Elemente des sozialen Lebens. Darum sind nicht nur Gewehre, sondern auch Uhren, Pokale, Münzen und Medaillen zu sehen – neben zwei großen Silberpokalen des Deutschen Kaisers Wilhelm II. bzw. des niederländischen Königs Wilhelm III. 1914 wurde die »Schützenstube« zum Schützenmuseum befördert und im Jahr 1939 aus dem Historischen Museum in das neue Gebäude verlegt. Dort gibt es heute auch einen Luft-

Anschaulich: Das Freilichtmuseum Ballenberg (▶ S. 82) zeigt mit Vorführungen in über 100 Originalgebäuden, wie die Schweizer vor Jahrhunderten ihren Alltag bestritten.

gewehrschießstand, und wer beim Laserschießwettbewerb mitmachen möchte, muss nicht nur gut zielen, sondern auch scharf denken. Kirchenfeld-Schosshalde • Bus, Tram: Helvetiaplatz • Bernastr. 5 • Tel. 0 31/3 51 01 27 • www.schuetzen museum.ch • Di–Sa 14–17, So 10– 12, 14–17 Uhr • Eintritt frei

Schweizerische Theater-sammlung   ▶ S. 116, westl. A 4

Wie war das Theater bei den alten Griechen, wie in Shakespeares England – und wie, vor allem, ist es in der Schweiz? Wer sich für die Theaterkunst interessiert, kommt an diesem kleinen, feinen Museum nicht vorbei. Detaillierte Bühnenmodelle stehen für die neun großen Zeitepochen des Theaters. Sie lassen sich von den Besuchern sogar bedienen. Das Ambiente in den unterirdischen Ausstellungsräumen ist also »dramatisch«: Vor den mattschwarz gestrichenen

Wänden setzen Bühnenscheinwerfer die gezeigten Objekte ins richtige Licht. Die Theatersammlung verfügt auch über den Nachlass von Adolphe Appia (1862–1928), dem wichtigen Theaterreformator aus Genf. Länggasse-Felsenau • Schanzenstr. 15 • Bus: Schanzenstraße, Tram: Hirschengraben • Tel. 0 31/3 01 52 52 • www.theatersammlung.ch • Mi, Do 11–17 (Archiv und Bibliothek), Fr–So 11–16 Uhr (Ausstellung) • Eintritt frei

YB-Museum im Stade de Suisse 👨‍👧   ▶ S. 117, F 1/2

Wer hat's erfunden? Die Engländer. Aber Schweizer spielen auch gern Fußball. Seit 1898 sind die »Young Boys« aus Bern eine Institution der nationalen Liga. Wer wissen möchte, wie die jungen Burschen auf ihren Mannschaftsnamen kamen: In Basel kickten damals die populären »Old Boys«. 1903 gewann der Club die erste Meisterschaft. Zehn weitere Titel folgten, der letzte allerdings 1986. Im Wankdorfstadion, der alten YB-Spielstätte, wurde 1954 Fußballgeschichte geschrieben, wenngleich von den Nachbarn im Norden: Am 4. Juli gewann hier die Deutsche Nationalmannschaft das Endspiel der Fußball-WM gegen die Ungarn mit 3:2 – das legendäre »Wunder von Bern«. 2001 wurde das alte Stadion gesprengt und mit dem Bau des neuen Stade de Suisse begonnen. 2005 konnten die Young Boys umziehen in die moderne Arena, in der sich auch das offizielle Museum des Clubs befindet. Was man da sehen kann? Vor allem die beiden Meistertrophäen, die die Young Boys nach drei bzw. vier aufeinanderfolgenden Meisterschaften (1908–1910 und 1957–1960) endgültig nach Hause nehmen durften. Dazu gibt es Trophäen und Devotionalien für echte Fans nebst Filmdokumenten aus den guten alten Zeiten der Gelb-Schwarzen.

Breitenrain-Lorraine • Papiermühlestr. 77 • Bus: Wyler, Tram: Guisanplatz • Tel. 0 31/3 44 88 88 • www.bscyb.ch • Sa 14–16 und im Rahmen der Stadionführung Mo–Sa 11 Uhr • Eintritt 5 SFr

Zentrum Paul Klee 🔟 👫
▶ S. 115, E 3

Der Name drückt es schon aus. Das Zentrum Paul Klee ist nicht einfach ein Museum, sondern eine kulturelle Institution mit allem, was dazugehört: Lesungen und Theateraufführungen, Konzerten, einem eigenen Musikensemble und den Veranstaltungen der »Sommerakademie«. Dazu kommt das Kindermuseum **Creaviva** (▶ S. 56). Auch äußerlich macht das ZPK eine Menge her: Stararchitekt Renzo Piano hat den 2005 eröffneten Bau als Folge von drei großen Wellen aus Stahl und Glas entworfen, die über einem grünen Landschaftspark im Osten der Stadt wogen. Vom Hauptbahnhof kann man

Die Galerie Bernhard Bischoff & Partner (▶ S. 85) in unmittelbarer Nachbarschaft des Kunstmuseums Bern fühlt sich der Gegenwartskunst verpflichtet.

das Gelände zu Fuß auf einem eigens angelegten Themenpfad erreichen.

Es fällt also auf den ersten Blick gar nicht so leicht, zum eigentlichen Kern dieser Einrichtung vorzustoßen. Und der heißt eben Paul Klee. Der große deutsche Maler (die Schweizer Staatsbürgerschaft erhielt er erst posthum), ein Klassiker der Moderne, wurde 1879 in Münchenbuchsee bei Bern geboren; er starb 1940 im Tessin.

Sein erstes und sein letztes Atelier befanden sich in Bern. Mehr als die Hälfte seines Lebens verbrachte er in Deutschland, zuerst als Student in München, dann als Dozent am Bauhaus in Weimar und Dessau. Von den rund 10 000 Werken des Künstlers, die heute erhalten sind, besitzt das Zentrum Paul Klee weit mehr als ein Drittel – insgesamt 4000 Gemälde, Aquarelle und Zeichnungen. Dieser riesige Fundus erlaubt es, die gezeigten Bilder regelmäßig auszuwechseln, was ihnen auch aus konservatorischer Sicht zugutekommt: Klee stellte die Farben für seine Arbeiten oft selbst her und experimentierte dabei viel mit Naturmaterialien, die wesentlich empfindlicher auf Licht reagieren. Auch Werke befreundeter Künstler – Kandinsky, Jawlensky oder Marc – sind in Bern zu sehen. Sie stellen das Schaffen Klees in den Kontext des aufregenden Kunstbetriebs in der ersten Hälfte des 20. Jh.

Kirchenfeld-Schosshalde • Monument im Fruchtland 3 • Tel. 0 31/3 59 01 01 • www.zpk.org • Bus: Zentrum Paul Klee • Di–So 10–17 Uhr • Eintritt 18 SFr

GALERIEN

Galerie Bernhard Bischoff & Partner ▸ Klappe vorne, b 3

Dreieinhalb Jahre lang leitete der Kurator, Publizist und Kulturmanager Bernhard Bischoff seine Galerie in Thun. Seit 2005 präsentiert er eine »gesunde Mischung unterschiedlicher Spielarten zeitgenössischer Kunst« am Rand der Berner Altstadt, in unmittelbarer Nähe des Zentrums für Kulturproduktion. Wer alte Meister sucht, ist hier falsch: Bischoff versteht sich als konsequenter Förderer und Vermittler der Gegenwartskunst – von Malerei, Zeichnung und Skulptur bis hin zu Installationen, Videokunst und neuen Medien.

Innere Stadt • Waisenhausplatz 30 • Bus: Bollwerk • Tel. 0 31/3 12 06 66 • www.galeriebk.ch • Mi, Fr 14–18, Do 10–18, Sa 12–16 Uhr oder nach Absprache

Galerie Kornfeld ▸ S. 118, westl. A 5

Laufkundschaft verirrt sich kaum hierher. Wer den Weg in die Laupenstraße 41 nimmt, weiß, was er sucht – und was es kostet. Gemälde, Zeichnungen, Grafik und Skulpturen der Klassischen Moderne sind das Kerngeschäft der traditionsreichen Galerie. Im Mittelpunkt steht dabei die alljährliche mehrtägige Auktionsreihe im Juni. Die Ergebnisse wissenschaftlicher Expertisen werden oft im eigenen Verlag publiziert: Kataloge und Werkverzeichnisse sind bei Museen, Kunsthändlern und Sammlern hoch geschätzt. Wer die Auktionen verpasst hat, findet im Lagerbestand Werke von Klee, Kandinsky oder Kirchner, von Goya, Matisse, Braque, Picasso, Miró etc. Daneben bietet die Galerie auch alte Meister des 15. bis 18. Jh., zum Beispiel Handzeichnungen und Grafiken von Rembrandt.

Mattenhof-Weissenbühl • Laupenstr. 41 • Bus: Inselspital • Tel. 0 31/3 81 46 73 • www.kornfeld.ch • Mo–Fr 9–12, 14–18, Sa 9–12 nach Absprache

Hier öffnet sich das »Tor zum Oberland«:
Der Thunersee (▶ S. 90) lockt mit roman-
tischen Anwesen wie Schloss Spiez und
einem traumhaften Blick auf die Alpen.

Spaziergänge
und Ausflüge

Bern und sein Umland wollen erlebt werden: per Altstadtbummel, Wanderung im Kandertal oder Bahnfahrt zu den Aussichtspunkten nahe der Alpengipfel.

Ein Rundgang durch die Altstadt – Bären, Brücken und Brunnen

CHARAKTERISTIK: Der Rundgang stellt die zahlreichen Sehenswürdigkeiten der Berner Altstadt vor **DAUER:** ca. 1 Std. **LÄNGE:** knapp 3,5 km **EINKEHRTIPP:** Restaurant Della Casa, Schauplatzgasse 16, Tel. 0 31/3 11 21 42, www.della-casa.ch, Mo–Sa 10.30–23.30 Uhr €€ (▶ MERIAN-Tipp, S. 22)

KARTE ▶ KLAPPE VORNE; S. 119, E 5

Der Spaziergang durch Bern beginnt am **Bärenpark** 2. Hier kann man Ursina und Berna, Verkörperungen des Berner Wappentiers, beim Klettern, Spielen und Fressen beobachten.

Nydeggbrücke ▶ Junkerngasse

Die Nydeggbrücke führt über die Aare in das historische Zentrum. An ihrem Ende steht rechter Hand die **Nydeggkirche**. Dieser Platz gilt als Wiege Berns. Die Fundamente des Gotteshauses gehörten einst zur Nydeggburg, auf deren Grund Berchtold IV. von Zähringen im 12. Jh. die Stadt gründete. Das Denkmal im Hof erinnert an den deutschen Herzog.

Linker Hand zweigt die Junkerngasse ab. An Haus Nr. 22 findet sich eine sehenswerte **Wandmalerei**. Das Fresko »Der Lauf des Lebens« stammt vom Maler Friedrich Traffelet (1897–1954), der hier sein Atelier hatte. Es illustriert den menschlichen Werdegang von der Geburt, Taufe und Hochzeit bis zum Tod. Die Berner raunen hinter vorgehaltener Hand, dass es in dem Haus spuken würde, sobald es Nacht wird.

Münster ▶ Käfigturm

Kurz vor dem Münster liegt links bei Haus Nr. 59 das **Beatrice-von-Wattenwyl-Haus**. Es ist nur wenige Male im Jahr, an Tagen der offenen Tür, zugänglich. Von der Münsterplattform aus hat man einen schönen Blick auf die Hauptfassade mit Freitreppe und Balkon des alten Patrizierhauses. Die Plattform des Doms dient seit der Reformation 1531 als Parkanlage. Das kleine »Café Plattform« lädt unter alten Bäumen zu Kaffee und Kuchen. Von der Brüstung blickt man auf das Mattenquartier und die Aare.

Der Streifzug führt durch den Park zum Haupteingang des **Münsters** 3. Über der Pforte stellt eine spektakuläre Skulpturengruppe mit mehr als 280 Figuren das Jüngste Gericht dar. Über die Herrengasse geht es weiter zum Casinoplatz an der Kirchenfeldbrücke. Im modernen **Casino Relais** bietet sich eine weitere Gelegenheit für eine Pause und einen Cappuccino. Aber auch gegenüber im Fünf-Sterne-Hotel **Bellevue Palace** lässt sich auf der Terrasse nicht nur das schöne Wetter genießen, sondern auch eine formidable Küche. Die Herberge gehört der Schweizerischen Eidgenossenschaft, die ihre Staatsgäste mit Vorliebe im Bellevue logieren lässt.

Von dort ist es dann nur noch ein Steinwurf bis zum monumentalen **Bundeshaus** 4, einem dreiteiligen Gebäudekomplex mit grünen Kuppeldächern. Wer sich nicht nur mit dem unterhaltsamen Wasserspiel am Bundesplatz begnügen will, nimmt an einer Führung teil – das Haus ist der Stolz der Schweizer Eidgenossenschaft und verkörpert deren demokratische Geschichte.

Die Damen und Herren der Regierung sollen sich ab und an im **Della Casa** (▸ MERIAN-Tipp, S. 22) treffen, einem altehrwürdigen Restaurant in der Kochergasse, Ecke Storchengässlein. Nicht ohne Grund wird die Räumlichkeit im ersten Stock »Bundesratstübli« genannt. Interessanter ist im »Delli« aber die Beiz im Erdgeschoss – hier treffen Tradition und Gemütlichkeit aufeinander.

Das Storchengässlein stößt auf die Spitalgasse, die rechts zum **Käfigturm** am Bärenplatz leitet. Er diente über Jahrhunderte hinweg als Gefängnis und erinnert mit einigen Exponaten an diese Vergangenheit.

Zytglogge ▸ Rosengarten

Die Verlängerung der Spitalgasse nennt sich Marktgasse und führt über den Zeitglockenturm (Zytglogge), Kram- und Gerechtigkeitsgasse zum Ausgangspunkt der Tour. Doch zuvor warten einige faszinierende Brunnen auf ihre Bewunderer. Der **Anna-Seiler-Brunnen** hinter dem Käfigturm ehrt die Stifterin des Inselspitals, dahinter folgt der **Schützenbrunnen**. Er zeigt den Obmann mit der Flagge der Vereinigung. Zu seinen Füßen nimmt ein bewaffneter Bär die Passanten ins Visier.

Das Ende der Marktgasse trifft auf den Ausläufer des Kornhausplatzes. Linker Hand erkennt man die wohl spektakulärste Berner Wasserquelle, der **Kindlifresserbrunnen** – mit einem Unhold, der sich gierig einen Sprössling einverleibt. Neuere Forschungen nehmen an, dass hier eine Fastnachtsfigur verkörpert wird.

In der Kramgasse, der Verlängerung der Marktgasse, befindet sich zunächst der **Zähringerbrunnen**, ein als Ritter gestalteter Bär, der in der rechten Hand ein rotes Banner mit goldenem

Löwen hält. Auf den nicht ganz so bedeutenden Kramgassbrunnen folgt der **Simsonbrunnen**, der an den alttestamentarischen Helden Samson erinnert. Er packt einen Löwen beim Maul, um ihn zu zerreißen – und versinnbildlicht Kraft und Unbesiegbarkeit. In der sich anschließenden Gerechtigkeitsgasse erkennt man vor dem Haus Nr. 39 den **Gerechtigkeitsbrunnen**. Auf der Säule »schreitet« Justitia mit verbundenen Augen.

Die berühmteste Brunnenskulptur Berns: der Kindlifresserbrunnen (▸ S. 89).

Die Gerechtigkeitsgasse führt wieder zur Nydeggbrücke und zum Bärenpark. Abschließend bietet sich ein Besuch des **Rosengartens** an. Hinter dem Kreisel zweigt ein Fußgängerweg in den über das Zentrum gelegenen Park ab. Auf der Terrasse des gleichnamigen Restaurants eröffnet sich schließlich ein wunderbarer Blick über die gesamte Altstadt.

AUSFLÜGE IN DIE UMGEBUNG

An den Thunersee

CHARAKTERISTIK: Schlösser und Straßencafés, unterirdische Höhlen und sympathische Altstädte machen den Thunersee zu einem erlebnisreichen Ausflugsziel **ANFAHRT:** Von Bern mit dem Auto in 30 Min. über die A 6 Richtung Thun, Ausfahrt Thun-Süd. Alternativ mit dem Zug vom Bahnhof Bern bis Bahnhof Thun; von dort per Schiff zu den Sehenswürdigkeiten **DAUER:** Tagesausflug **EINKEHRTIPP:** Restaurant Dampfschiff Thun, Hofstettenstr. 20, Tel. 0 33/2 21 49 49, www.dampfschiffthun.ch, tgl. 11–23.30 Uhr €€€ **AUSKUNFT:** Thun Tourismus, Bahnhof, Thun, Tel. 0 33/22 59 00, www.thuntourismus.ch
KARTE ▶ S. 120, C 10/11

Die Tour kann von Bern aus mit Zug und Schiff, aber natürlich auch mit dem Auto absolviert werden. Sie eignet sich für Familien mit Kindern ebenso wie für kulturgeschichtlich Interessierte. Rund 30 km südlich von Bern öffnet sich das »Tor zum Oberland«. So wird **Thun** genannt, das kleine Städtchen am gleichnamigen See. Nur etwa 560 m über dem Meeresspiegel gelegen, ragen hier die Bergketten der Berner Alpen auf. Eiger, Mönch und Jungfrau schrauben sich bis in 4100 m Höhe dem Himmel entgegen. Eine imposante, mächtige, mit Schnee bedeckte Kulisse, die dieser Ferienregion einen faszinierenden Rahmen verleiht.

Das Zentrum von Thun ist ungefähr 1 km vom See entfernt, aber über die Aare, die die Anfahrt von Bern fast parallel begleitet, direkt mit ihm verbunden. Besonders charmant präsentiert sich das **Bälliz**, eine kleine Insel, die beidseitig von der Aare umflossen wird. Das Eiland ist für Autos tabu, und so lädt die Fußgängerzone zum Flanieren und Einkaufen ein. Das historische Zentrum setzt sich auf der östlichen Uferseite fort und steigt steil an. In beeindruckender Höhe thront das **Schloss Thun** – von

niemand Geringerem erbaut als von Herzog Berchtold V. von Zähringen, dem Stadtgründer von Bern, der offenkundig ein untrügliches Gespür für reizvolle Örtlichkeiten hatte.

Das ist nicht die einzige Gemeinsamkeit: Auch in der Thuner **Altstadt** sind die Häuser teilweise mit Lauben versehen. Das Besondere ist allerdings die Hochparterrebauweise, durch die sich ein Teil des Lebens im ersten Stock abspielt: Boutiquen und Cafés bieten ihre Dienste auf Terrassen an. Neben dem historischen Zentrum wartet Thun mit reichlich Sehenswertem auf: Der Rittersaal im Schloss gilt als einer der eindrucksvollsten mittelalterlichen Profanräume der Schweiz. Freunde der schönen Künste besuchen am östlichen Aare-Ufer das **Kunstmuseum Thun**, das in einem alten Grandhotel residiert. Das Haus hat sich mit engagierten Ausstellungen zeitgenössischer Kunst einen überregionalen Ruf erarbeitet.

Thun zählt nur etwa 40 000 Einwohner, kann aber mit **Schloss Schadau** eine zweite stattliche Residenz vorweisen. Es stammt aus der Mitte des 19. Jh. und wurde von Denis Rougemont, einem Bankier aus Neuchâtel, finanziert. Drumherum ließ er einen englischen Park anlegen. Heute beherbergt das Anwesen ein Gastronomiemuseum sowie ein Restaurant mit Außenplätzen und Seeblick.

100 m von Schloss entfernt ist in einem Rundbau das sogenannte **Wocher-Panorama** untergebracht. Es ist 38 m breit und 7,5 m hoch und gilt als das älteste erhaltene Rundbild der Welt. Der Künstler Marquard Wocher schuf es in den Jahren 1809 bis 1814 auf dem Dach eines Hauses in der Thuner Altstadt. Es gewährt intime Blicke in Amtszimmer, Wohnstuben und Gassen aus dem 19. Jh. Schloss Schadau (Seestr. 45) liegt auf der westlichen Uferseite an der Mündung zum Thunersee, dem Aarebassin.

Thun ▶ Spiez

An dem Becken beginnt das maritime Leben im Berner Oberland. Schräg gegenüber dem Bahnhof befindet sich der Kai der »Schifffahrt Berner Oberland«. Im Sommer legt jede Stunde ein Motor- oder Dampfschiff von Thun ab – und steuert die wichtigsten Sehenswürdigkeiten am See an.

Die Boote fahren beispielsweise zu **Schloss Oberhofen** oder zu den **Beatushöhlen** unterhalb von Beatenberg. Dieses in Zigtausenden von Jahren entstandene Grottensystem ist nach dem irischen Wandermönch Beatus benannt, der im 6. Jh. n. Chr. die Schweiz christianisierte und heute der Schutzpatron des Landes ist.

Der Legende nach lebte in den Höhlen ein Drache, der die Bevölkerung in Angst und Schrecken versetzte. Beatus machte sich auf die Suche nach dem Ungetüm. Er entdeckte es und streckte ihm sein Kreuz entgegen, bevor der Drache ihn angreifen konnte. Das Ungeheuer stürzte in den See und war fortan nicht mehr zu sehen. Daraufhin erkor der christliche Held die Höhlen zu seinem Refugium. Nach dessen Tod pilgerten die

Verspielt wie die Märchenburgen des bayerischen Königs Ludwig II.: Schloss Oberhofen (▶ S. 91) mit seinem alten Bergfried, der noch aus dem 12. Jh. stammt.

Gläubigen an diese Wallfahrtsstätte. In dem Höhlensystem beeindrucken vor allem die unterirdischen Wasserfälle sowie die **Spiegelgrotte**: Hier reflektieren sich die Tropfsteine auf der Oberfläche eines kleinen Sees.

Die Schiffe legen auch an der anderen Uferseite an. Hier lohnt ein Besuch von **Spiez**, das sich bescheiden »die schönste Bucht Europas« nennt. In Deutschland assoziieren Fußballfreunde den Ort mit dem **Hotel Belvédère**, in dem Sepp Herberger und seine Mannen während der Weltmeisterschaft 1954 den »Geist von Spiez« entwickelten, ohne den der verklärte Gewinn des WM-Titels nicht möglich gewesen sein soll. Das Hotel (Schachenstr. 39) gehört immer noch zu den besten Adressen am See und pflegt den Kickerkult: Im Obergeschoss sind die Zimmertüren mit Namensschildern der Spieler versehen, im Untergeschoss ist eine Vitrine mit Fußball-Devotionalien zu sehen.

Oberhofen ▶ Interlaken

Älteren Ruhm verdankt die Stadt Oberhofen ihrem **Schloss**, knapp 5 km hinter Thun am östlichen Ufer des Sees gelegen. Es erinnert im ersten Augenblick an die Lustbauten des bayerischen Märchenkönigs Ludwig II. Hier ein Turm, da ein Erker, fantasievolle Fassadenverzierungen und vor allem – das kleine Seetürmchen mit dem spitzen Helm, in das Wasser gebaut und über eine gedeckte Brücke mit dem Schloss verbunden. An die ehemalige Residenz ist eine reizende englische Parkanlage mit einem Laubengang aus Hainbuchen angegliedert. Historiker datieren die Wehrburg Oberhofen auf das 12. bzw. das 13. Jh. Etwa 400 Jahre später wurde sie allmählich zum Schloss ausgebaut, und das Seetürm-

chen verschwand Ende des 17. Jh. – wahrscheinlich war es eingestürzt. Erst 1895 rekonstruierten es die damaligen Besitzer. Wunderbar ist die Sicht vom Turm auf den Ort und den Thunersee. Nach 1954 wurde das Schloss mit Interieurs aus verschiedenen Stilepochen aus dem Mittelalter eingerichtet und bietet heute einen interessanten Einblick in die bernische Wohnkultur vom 16. bis zum 19. Jh. Übrigens: Besucher, die mit dem Auto anreisen, müssen etwa in der Ortsmitte von der Hauptstraße in die Schlossgasse abbiegen; das Anwesen ist nicht ausgeschildert.

Für den Abend bietet sich ein Abstecher nach **Interlaken** an. Wie der Name erahnen lässt, liegt das Städtchen zwischen zwei Seen, dem Thuner- sowie dem Brienzersee. Wer sich etwas gönnen will, wählt aus einem der dekorierten Restaurants des **Hotels Victoria-Jungfrau** (Höheweg 41), das höchste Gebäude im Ort und nicht zu übersehen. Schmalere Geldbeutel werden im Zentrum aber auch gerne empfangen: Interlaken bietet mehr Gästebetten, als es Einwohner hat – und die Restaurants reihen sich Glied an Glied.

INFORMATIONEN

Kunstmuseum Thun

Thunerhof, Hofstettenstr. 14 • Tel. 0 33/2 25 84 20 • www.kunstmuseum thun.ch • Di–So 10–17, Mi 10–19 Uhr • Eintritt 10 SFr, Kinder bis 12 Jahre frei, bis 16 Jahre 4 SFr

Schloss Oberhofen

Oberhofen • Tel. 0 33/2 43 12 35 • www.schlossoberhofen.ch • Mitte Mai–Mitte Okt. Mo 14–17, Di–So 11–17 Uhr • Eintritt 10 SFr, Kinder (6–16 Jahre) 2 SFr

Wandern im Kandertal

CHARAKTERISTIK: Das Kandertal bietet kleine Ortschaften mit idyllischen Holzchalets sowie ausgezeichnete Wandermöglichkeiten in die alpine Bergwelt **ANFAHRT:** Von Bern mit dem Auto in ca. 1 Std. über die A6 Richtung Thun und die A8 Richtung Spiez/Kandersteg **DAUER:** Tagesausflug **EINKEHRTIPP:** Landgasthof Ruedihus, Kandersteg, Tel. 0 33/6 75 81 82, www.ruedihus.ch, Juli–Okt. tgl. 12–21.30, Nov.–Juni Mi–Mo 12–21.30 Uhr €€€ **AUSKUNFT:** Kandersteg Tourismus, Hauptstrasse, Kandersteg, Tel. 0 33/6 75 80 80, www.kandersteg.ch
KARTE ▶ S. 120, C 11/12

Der prächtige Eingang fasziniert: ein kunstvolles Portal mit mittelalterlicher Fassade und großzügigem Entree – das »Tor zum Oberland« mit Thuner- und Brienzersee gibt einen süßen Vorgeschmack auf das, was folgt.

Frutigen ▶ Ruedihus

Der Ausflug führt ins **Frutigland**, südlich von Spiez, der Region, die das Berner Oberland mit dem Wallis verbindet. **Frutigen** heißt der Hauptort, und computeraffine Leser assoziieren den Namen mit der Schrift »Frutiger«. Namensgeber ist Adrian Frutiger, ein Grafikdesigner, der aus dem benachbarten Interlaken stammte und Mitte des 20. Jh. der berühmten Schule der Schweizer Typografie angehörte. Deren zeitlose Ideen sind immer noch populär: So findet sich die »Helvetica« heute in jedem Schriftmenü.

Das typisch Helvetische im Kandertal sind die lose aneinandergereihten Dörfer und Höfe mit den charakteristischen Holzchalets. 13 km südlich von Frutigen liegt **Kandersteg**, bekannt für ausgezeichnete Wandermöglichkeiten im Sommer und mehr als 100 km Langlaufloipen im Winter. Zwischen Frutigen und Kandersteg weisen Schilder auf den **Blausee** hin. Er ist zu Fuß vom Parkplatz aus in 5 Min. zu erreichen, der Bus benötigt von Kandersteg 12 Min. Die einzigartige Farbe, dem das Gewässer seinen

Namen verdankt, verursachen unterirdische Quellen. Einer Sage nach entstammt das Blau den Augen eines Mädchens, das sich aus Trauer über den Tod des Geliebten hier ertränkte. Naturfreunden sei auch der **Oeschinensee** empfohlen. Er liegt auf einer Höhe von etwa 1600 m, umrahmt von den Gipfeln Blüemlisalp, Oeschinen-, Fründen- und Doldenhorn. Auf der einen Seite steigen karge Felsblöcke empor, auf der anderen sprießt genügsames Grün. Wanderer nehmen den Aufstieg in ca. 35 Min., bequemer – und schneller – geht es mit der Gondelbahn. Am See lädt ein Restaurant zu Speis und Trank. Am Nordwestufer gefriert am Heuberg ein Bergwasserfall und bildet einen bis zu 15 m hohen bizarren Eisturm. Der See kann auch per Pedes in etwa einer Stunde umrundet werden. Das sollten aber nur Erfahrene wagen – Schwindelfreiheit ist Voraussetzung. Das berühmteste Chalet des Frutiglandes ist das **Ruedihus**. 1753 erbaut, gilt es als Meisterwerk der Schweizer Zimmermannskunst. Wer Gebäude zu »lesen« vermag, sollte sich Zeit nehmen: Der zweigeschossige Blockbau ist mit Friesen und Gesimsen reich verziert. Die Pächter, Anne und Réne Mäder, wurden im Jahr 2000 von der Vereinigung Swiss Historic Hotels für ihre »umsichtige Restaurierung« geehrt. Besucher sollten den Kopf unter den Stützbalken einziehen. Es ist eng, klein – aber urgemütlich. Die Speisen stammen aus dem Umland und sind meist biologisch angebaut. Wahrlich entzückend sind die Gästezimmer: ein jedes im Landhausstil individuell eingerichtet. Die Telefone scheinen aus dem 19. Jh. zu stammen, bieten aber den Komfort der Jetztzeit.

Mit der Zahnradbahn zur Schynige Platte

CHARAKTERISTIK: Wenn der Berg ruft, gibt es verschiedene Möglichkeiten, ihn zu erklimmen. Die romantischste ist wohl eine Fahrt in einer historischen Bergbahn mit grandiosen Aussichten **DAUER:** Tagesausflug **EINKEHRTIPP:** Bergrestaurant Schynige Platte, Tel 0 33/8 28 73 73, Mitte Mai–Mitte Okt. €€ **AUSKUNFT:** Interlaken Tourismus, Höheweg 37, Interlaken, Tel. 0 33/8 26 53 00, www.interlaken.ch **KARTE ▶ S. 121, D 11**

Die Schynige Platte ist eine Plattform oberhalb von Interlaken. Seit 1893 fährt von Wilderswil eine Bahn zum Berghotel auf 1967 m Höhe. Für die knapp 7 km lange Strecke werden 52 Min. benötigt. So ist das eben mit historischen Gefährten wie dieser alten Zahnradbahn: Die Durchschnittsgeschwindigkeit liegt bei 12 km/h – fairerweise sollte nicht verschwiegen werden, dass die Steigung bis zu 25 % beträgt und die alte Dame einiges zu leisten hat. Die Passagiere sitzen dabei auf einfachen Holzbänken – mehr Tempo könnte schnell unbequem werden. Außerdem hat man viel mehr Muße, die Aussicht zu genießen, z. B. den Blick an der »Wasserstation« auf

Eiger, Mönch und Jungfrau: Auf der Aussichtsplattform der Bergstation der Schilthornbahn (▶ S. 95) ist man dem Dreigestirn der Berner Alpen besonders nah.

Interlaken, Unterseen sowie Wilderswil mit dem Abendberg. Am Ziel wartet das **Berghotel Schynige Platte** mit einer großen Terrasse. Die Sicht auf das Dreigestirn Eiger, Mönch und Jungfrau ist phänomenal.

Die Hochebene dient als Ausgangspunkt für Wanderungen, die meisten dauern zwischen 45 und 90 Min. Der längste Marsch führt in 6 Std. über den First zum **Faulhorn** auf 2600 m Höhe. Der kürzeste (ca. 45 Min.) ist ein Rundgang durch den **Alpengarten**. In dieser botanischen Anlage werden jene alpinen Pflanzen gepflegt, die auch oberhalb der Waldgrenze gedeihen können – also dort, wo kein Holz mehr geschlagen werden kann. Während der Öffnungszeiten (Mai–Okt.) ist hier Blütezeit, im Juni zeigen z. B. Krokusse und Enziane ihre Pracht, im August Edelweiß und im September Eisenhut und Blaudistel.

INFORMATIONEN

Schynige Platte-Bahn

Tel. 0 33/8 28 72 33 • www.jungfrau.ch • Mitte Mai–Mitte Okt., Fahrten ab Wilderswil 7.25–16.45 Uhr (alle 40 Min.) • Tickets 60 SFr

Auf den Spuren von 007 aufs Schilthorn

CHARAKTERISTIK: Manche Filme machen Orte zu Legenden. Das Tiffany's in New York beispielsweise – oder das Restaurant Piz Gloria auf dem Schilthorn, Drehort für den James-Bond-Film »Im Geheimdienst Ihrer Majestät« **DAUER:** Tagesausflug **EINKEHRTIPP:** Panoramarestaurant Piz Gloria, Schilthorn, Mürren, Tel. 0 33/8 56 21 41, www.schilthorn.ch, tgl. 8–18 Uhr €€ **AUSKUNFT:** Mürren Tourismus, Im Sportzentrum, Mürren, Tel. 0 33/8 56 86 86, www.mymuerren.ch
KARTE ▶ S. 120, C 11

Das oberhalb von Mürren auf 2973 m Höhe gelegene Schilthorn ist mehr als nur ein weiterer imposanter Berg im Berner Oberland. Es lockt mit einem Restaurant, das sich sanft um die eigene Achse dreht und dabei immer wieder einen anderen Blick auf Eiger, Mönch und Jungfrau freigibt. Im Dezember 1969 kam »Im Geheimdienst Ihrer Majestät« in die Kinos, der neue James Bond mit einem neuen Hauptdarsteller: George Lazenby riss niemanden von den Sitzen – es war sein erster und letzter 007-Film –, aber die Locations waren wieder einmal faszinierend. Das Drehrestaurant war Sitz des Oberschurken Blofeld (gespielt von Telly Savalas, besser bekannt als Lieutenant Kojak aus »Einsatz in Manhattan«). Im Film hieß die Bösewichtzentrale Piz Gloria – seitdem trägt der Gipfel den Untertitel »Piz Gloria«. Und das ist nicht nur ein Marketing-Gag: Die Gelder für die Filmkulisse unterstützten damals das sich im Bau befindliche Gebäude. Die Produktionsfirma beteiligte sich an der Finanzierung und durfte den Innenausbau den Erfordernissen des Drehbuchs anpassen.

INFORMATIONEN

Luftseilbahn Stechelberg – Schilthorn

Tel. 0 33/8 26 00 07 • www.schilthorn.ch • Ende April–Nov. (alle 30 Min.) 7.25–16.25, Dez.–Ende April 7.55–15.55 Uhr • Tickets 94,80 SFr

Vom Jungfraunjoch zur Mönchsjochhütte

CHARAKTERISTIK: Zwischen den höchsten Gipfeln des Berner Oberlands führt ein Spazierweg zur Mönchsjochhütte und vermittelt auch Nicht-Alpinisten einen Eindruck von der Faszination des Bergsteigens **DAUER:** Tagesausflug **EINKEHRTIPP:** Mönchsjochhütte, Mönchsjoch, Grindelwald, Tel. 0 33/ 71 34 72, www.moenchsjoch. ch, Ende März–Mitte Okt. € **AUSKUNFT:** Grindelwald Tourismus, Im Sportzentrum, Grindelwald, Tel. 0 33/8 54 12 12, www.grindelwald.travel
KARTE ▶ S. 121, D 11

Die Jungfrau gehört mit 4158 m zu den drei höchsten Bergen im Oberland. Nirgendwo sonst in Europa kann man derart bequem eine solche Höhe erreichen. Die Endstation der Jungfraubahnen liegt am Jungfraujoch, jener Einkerbung auf 3454 m Höhe zwischen den Gipfeln von Mönch und Jungfrau. Hier ist die Luft dünn, das Licht gleißend und das ganze Jahr über Winter. Deshalb warme Kleidung, Sonnenbrille und entsprechendes Schuhwerk nicht vergessen. Fantastisch die Aussicht: Friedlich liegen tief unten die Täler, der Blick schweift über den **Aletschgletscher**, mit 24 km Länge der größte der Alpen.

Wer noch höher hinaus will, fährt mit dem Lift auf die Aussichtsterrasse der **Sphinx**, einer Forschungsstation oberhalb des Bahnhofs. Der Name verweist auf einen markanten Felsen. Bei gutem Wetter reicht die Sicht bis nach Frankreich und Deutschland. Auf dem Joch kann man natürlich Skifahren und Snowboarden oder sich ein paar Minuten lang von Schlittenhunden ziehen lassen. Eine weitere Attraktion ist der **Eispalast**. Vor rund 50 Jahren haben zwei

Gemächlichen Tempos auf 3454 m Höhe: Die alte Jungfraubahn »klettert« zur Endstation am Jungfraujoch (▶ S. 96) und überwindet dabei beinahe 1400 Höhenmeter.

Bergführer aus Grindelwald und Wengen begonnen, mit Eispickel und Säge eine gewaltige Halle von mehr als 1000 qm Fläche aus dem Gletschereis zu schneiden und mit zahlreichen Eisskulpturen zu bestücken. Mittlerweile muss die Anlage künstlich gekühlt werden, weil die vielen Touristen so viel Wärme abstrahlen, dass die mühevolle Arbeit zu schmelzen drohte. Daran zeigt sich, wie beliebt – und gut besucht – das Jungfraujoch ist. Von hier kann man auch über eine von April bis Oktober gut präparierte Piste in etwa 1 Std. zur Mönchsjochhütte wandern.

Die Fußspuren im Schnee weisen den Weg. Für diesen Ausflug sollte man übrigens einen ganzen Tag einplanen. Die Fahrt von **Grindelwald** bis zum Joch dauert 2 Std. 17 Min., die letzte Passage mit der Zahnradbahn von der **Kleinen Scheidegg** bis zum Endpunkt 50 Min.

INFORMATIONEN

Jungfraubahn

Tel. 0 33/8 28 72 33 • www.jungfrau bahn.ch, www.jungfrau.ch • Mitte Mai–Mitte Okt., Fahrten ab Grindelwald ab 7.09 Uhr (etwa alle 30 Min.) • Tickets 98 SFr

Kultur und Panorama auf dem Niesen

CHARAKTERISTIK: Entspannt fährt die Standseilbahn auf den Niesen hinauf, wo man in 2336 m Höhe eine tolle Aussicht, Gastronomie und kulturelle Events genießen kann **DAUER:** Halbtagesausflug bis Tagesausflug **EINKEHRTIPP:** Berghaus Niesen Kulm, Mülenen, Tel. 0 33/6 76 77 11, www.niesen.ch, ca. Mitte April–Mitte Nov. 8–17 Uhr (alle 30 Min.), Abendfahrten bei Veranstaltungen, Tickets ab 51 SFr €€€€ **AUSKUNFT:** Kandersteg Tourismus, Hauptstrasse, Kandersteg, Tel. 0 33/ 6 75 80 80, www.kandersteg.ch
KARTE ▶ S. 120, C 11

Die Niesenbahn startet von Mülenen, 8 km von Spiez entfernt, zum gleichnamigen Berg. Sie bewältigt teilweise Steigungen von 68 %, bis sie in einer halben Stunde am Ziel, der Niesen-Kulm mit 2336 m Höhe, angelangt ist. Oben wartet ein Berghaus darauf, seine Gäste zu verwöhnen. Das Restaurant wurde bereits 1856, 50 Jahre vor dem Bau der Standseilbahn, errichtet. 2002 erweiterten es die Betreiber um einen transparent angelegten Pavillon, der einen famosen Blick auf die Alpenwelt bietet.
Immer wieder inszenieren die Gastronomen spezielle Anlässe, an denen vorzüglich gespeist werden darf: bei-

spielsweise das Vollmond-Dinner, ein 5-gängiges Überraschungsmenü bei Kerzenlicht im Mondschein. Dann werden auch die Fahrzeiten den Bedürfnissen der Nachtschwärmer angepasst (Aktuelles dazu erfährt man im Internet oder via Telefon).
Übrigens: Das Guinness Buch der Rekorde vermeldet den Aufgang entlang der Gleise mit 11 674 Stufen als die längste Treppe der Welt. Der Aufstieg ist für die Öffentlichkeit allerdings nur beim jährlich stattfindenden Niesen-Treppenlauf zugänglich (Sa, Anfang Juni). Der Rekord liegt bei 52 Min. – die Wanderzeit ab Mülenen beträgt dagegen etwa 5 Std.

Zur Fußball-EM 2008 wurde der Bahnhofplatz einer Neugestaltung unterzogen.
Dabei entstand auch der Baldachin –
ein filigran geschwungenes Glasdach.

Wissenswertes
über Bern

Nützliche Informationen für einen gelungenen
Aufenthalt: Fakten über Land, Leute und Geschichte
sowie Reisepraktisches von A bis Z.

Auf einen Blick

Mehr erfahren über Bern – Informationen über Land und Leute, von Bevölkerung über Politik und Sprache bis Wirtschaft.

AMTSSPRACHE: Deutsch
BEVÖLKERUNG: 78,3 % Schweizer, 21,7 % Ausländer (davon 5946 Deutsche, 4170 Italiener, 1837 Spanier)
EINWOHNER: 123 466
FLÄCHE: 52 qkm
INTERNET: www.bern.ch
RELIGION: 49 % evangelisch-reformiert, 25 % römisch-katholisch
VERWALTUNG: sechs Stadtteile, zu denen 32 Quartiere gehören
WÄHRUNG: Schweizer Franken

Bevölkerung

Bern ist nach Zürich, Genf und Basel mit 123 466 Einwohnern die viertgrößte Stadt der Schweiz. Gemeinsam mit Orten wie Biel, Thun, Köniz oder Muri bei Bern bildet sie den Kanton Bern mit nahezu einer Million Bürgern. Mit einem Ausländeranteil von 21,7 % gilt etwa jeder fünfte Berner nicht als Eidgenosse. Für das politische Zentrum eines Landes ist das eine verhältnismäßig geringe Zahl. In Basel beispielsweise ist jeder Dritte Bewohner Nicht-Schweizer.

Lage und Geografie

Bern liegt im Schweizer Mittelland und erstreckt sich auf einer Fläche von ca. 52 qkm. Das Bild der Stadt wird vom Verlauf der Aare geprägt, die von Südosten in die Ansiedlung fließt und mit der Aareschlaufe die gesamte – UNESCO-geschützte – Altstadt von Bern abschließt.

◄ Für Leckermäuler: Auslage einer der zahlreichen Berner Confiserien (► S. 39).

Politik und Verwaltung

Bern ist Sitz von drei Regierungen, Parlamenten und Verwaltungen: Im Bundeshaus wird über das Wohl der Eidgenossenschaft entschieden, im Rathaus debattieren sowohl die Entscheidungsträger des Kantons als auch die Lokalpolitiker der Stadt. Übrigens kennt die Schweiz nicht den Begriff »Hauptstadt«. Im Ringen zwischen zentralistischen und föderalistischen Strömungen einigten sich die Räte 1848 auf Bern als »Bundesstadt«.

Religion

Etwa 50 % der Berner Bevölkerung bekennen sich zur Lehre der evangelisch-reformierten Kirche, die u. a. von Huldrych Zwingli und Johannes Calvin im 16. Jh. begründet wurde. 25 % gehören der römisch-katholischen Kirche an. Circa 13 % bezeichnen sich als konfessionslos. Nach der Reformation im 16. Jh. war die römisch-katholische Kirche hier nicht mehr vertreten. 1799 etablierte sich wieder eine Kirchengemeinde, aber erst 1853 wurde den katholischen Einwohnern erlaubt, ein eigenes Gotteshaus zu bauen, die Kirche St. Peter und Paul in der Rathausgasse.

Sprache

Wenn es offiziell wird, sprechen die Berner Deutsch mit feinem Schweizer Akzent. Doch wenn sie unter sich sind, wird »Bärndütsch g'redt«, also Berndeutsch, eine Mundart, die zu den alemannischen Dialekten gehört. Diese Sprache macht vor politischen Grenzen nicht halt. Das Deutsch der Berner wird auch in Teilbereichen der Kantone Aargau, Freiburg und Solothurn gesprochen. Im Berner Oberland dominiert dagegen das »Berner Oberländische«, das sich von Gemeinde zu Gemeinde unterscheidet. In der Stadt Biel hingegen steht das Französische gleichberechtigt neben dem Berndeutschen.

Wirtschaft

Die Region Bern ist Zentrum der Wirtschaftsregion Bern-Mittelland mit rund 350 000 Einwohnern und 240 000 Beschäftigten. Die Bundesstadt ist stark im Maschinenbau und der Elektrotechnik, im Energiesektor und Textilmarkt. Zu den bekanntesten Marken der Stadt zählt die Dreikant-Schokolade Toblerone, die seit 1908 in Bern produziert wird, sowie das Malzgetränk Ovomaltine, das in Bern »erfunden« wurde, seit einigen Jahren aber in Neuenegg, rund 20 km außerhalb Berns, beheimatet ist.

Ein wichtiger Faktor ist zudem der Tourismus: Im Vergleich einer Basler Arbeitsgruppe belegt Bern im internationalen Ranking der Städtereisen einen Platz unter den ersten Zehn.

Das Berner Messe- und Kongresszentrum BEA bern expo ist ein wichtiger nationaler Messeplatz. Hier findet u. a. die größte Schweizer Messe für Baumaschinen statt, die einzige nationale Bootsausstellung Suisse-Nautic und die in Europa in ihrer Art einmalige Fachmesse für den öffentlichen Verkehr, Suissetraffic.

Das politische Zentrum der Schweiz ist ebenfalls ein bedeutender Finanzplatz. Die Schweizer Nationalbank, die als unabhängige Zentralbank die Geld- und Währungspolitik des Landes bestimmt, hat hier ihren Sitz. Auch die Berner Kantonalbank, die zu den zehn größten Banken der Eidgenossenschaft gehört, ist hier ansässig.

Geschichte

3. Jh. v. Chr.
Keltische Siedlung auf der Engehalbinsel über der nördlich des heutigen Bern gelegenen Aareschleife.

1. Jh. v. Chr.
Helvetier besiedeln das Mittelland.

58 v. Chr.
Julius Cäsar schlägt das helvetische Heer; Beginn der Herrschaft Roms.

Um 200 n. Chr.
Aufgabe der Römersiedlung auf der Berner Engehalbinsel.

1023
Oberhoheit des Deutschen Reichs.

1191
Berchtold V. von Zähringen gründet 1191 bei der Reichsburg Nydegg eine Siedlung – das heutige Bern.

1218
Bern wird Freie Reichsstadt.

1224
Erstmals ist der Bär, das heutige Stadtwappen, dokumentiert.

1331–1333
Gümmenenkrieg mit der damals habsburgischen Stadt Freiburg im Üechtland: Bern erweitert sein Territorium.

1339
Schlacht bei Laupen: Bern besiegt mit Unterstützung der Eidgenossen die vereinten Adelshäuser der Aareregion.

1353
Bern tritt dem Bund der Waldstätten Uri, Schwyz und Nidwalden bei.

1405
Das alte, hölzerne Bern brennt nieder, 600 Häuser werden zerstört.

1421
Grundsteinlegung des Münsters.

1439
Die Pest wütet in Bern.

1474–1477
Burgunderkriege: Bern übernimmt die Führung der Eidgenossenschaft und setzt sich in der Murtenschlacht (1476) gegen Karl den Kühnen von Burgund durch.

1528
Die Reformation hält Einzug. Kirchen und Klöster werden verstaatlicht.

1536
Eroberung des Waadtlandes: Bern wird größter Stadtstaat nördlich der Alpen.

1565/1566
Binnen zwei Jahren sterben ungefähr 5000 Menschen an der Pest.

1622–1646
Im Dreißigjährigen Krieg errichtet die Stadt im Westen große Schanzanlagen.

1648
Mit dem Westfälischen Frieden erhält Bern volle Souveränität und löst sich endgültig vom Deutschen Reich.

1798
Französische Besatzer plündern Bern.

1803–1813
Die Eidgenossenschaft steht unter französischem Protektorat.

1815

Wiener Kongress: Die Schweiz erhält eine »ewige bewaffnete Neutralität«.

1831

Eine neue Verfassung für die Stadt: Bern wird Kantonshauptort.

1834

Gründung der Universität Bern.

1848

Neue Verfassung: Die Schweiz wird ein Bundesstaat, Bern wird Bundessitz.

1850

Einführung des Schweizer Franken.

1858

Bern wird Teil des Eisenbahnnetzes.

1890

Die erste Tramlinie fährt durch Bern; Bürger wandern aus der dichten Altstadt in die neuen Außenquartiere ab.

1893

Arbeiterproteste: Der »Käfigturmkrawall« erschüttert die Stadt.

1896–1902

Das Bundeshaus entsteht am Südrand der Altstadt.

1905

Albert Einstein formuliert in Bern die »Spezielle Relativitätstheorie«.

1910

In der Stadt leben 90 000 Menschen. Das Internationale Friedensbüro erhält den Friedensnobelpreis.

1918/1919

Proteste der Arbeiterschaft: Die Armee unterdrückt die Aufstände.

1939–1945

Der Zweite Weltkrieg lässt die Landesgrenzen weitgehend unberührt.

1954

Fußball-WM im eigenen Land: Die Schweiz scheitert im Viertelfinale gegen Österreich mit 5:7. Im Berner Wankdorfstadion siegt Deutschland im Endspiel mit 3:2 gegen Ungarn.

1971

Gleichberechtigung: Bernerinnen erhalten das allgemeine Stimmrecht.

1979

»Berner Konvention«: 42 europäische und 4 afrikanische Staaten beschließen, wild lebende Pflanzen und Tiere sowie ihre Lebensräume zu erhalten.

1983

Die UNESCO ernennt die Berner Altstadt zum Weltkulturerbe.

1997

Vorbildliche Umnutzung von Industriebrache: Bern erhält den Wakker-Preis des Schweizer Heimatschutzes.

2000

Die Schweiz billigt bilaterale Verträge mit der EU.

2002

Die Schweiz tritt der UNO bei.

2008

Die Fußball-EM wird in der Schweiz und in Österreich ausgetragen. Die Eidgenossenschaft tritt dem Schengener Abkommen bei.

2011

Bern ist Veranstalter der Europameisterschaft im Eiskunstlauf.

Kulinarisches Lexikon

A
ä Guete – guten Appetit
Anetzerli – Aperitif
Anke – Butter

B
bääje – rösten
Bäredräck – Lakritze
Bäremutz – Berner Lebkuchen
Bätzi – Tresterbranntwein (Obst)
Beiz – Kneipe, Restaurant
Bettmümpfeli – Betthupferl
Bibeli – Küken
Bire – Birne
Blätzli – Fleischschnitte, Steak
Brönz, Bbrönts – Schnaps,
   Branntwein

C
Chacheli – Tasse
chätsche – kauen
Cheschtele, Chegele, Cheschtene –
   Kastanie
Chroosle (Chrusle) – Stachelbeere
Chrüüsch – Kleie
Chue – Kuh
Chueche – Kuchen
Chuscht – Geschmack
chüschte, chüschtige – kosten,
   schmecken
chüschtig – wohlschmeckend
Chüttene – Quitte
Chuter – Täuberich
Chuttle – Kutteln (Innerei)

D
dämpfe – dämpfen, Gemüse
   dämpfen
Dessär – Nachtisch
Discobänzin – Coca-Cola
   (scherzhaft)
Dreifautigkeit – Berner Platte mit
   Dörrbohnen, Sauerkraut und
   Sauerrüben

E
e Ballon Wy – ein Glas Wein
Egli – Flussbarsch
Eiertätsch – Omelette
es Schnyfeli – kleines Scheibchen
   (Brot)

F
Färli, Fäärli – Ferkel
feiss – fett
Fimu – Fisch
Föhnli – Forelle
Forn, Forne, Förndli – Forelle
främsle – essen
fuetere – füttern
Fusel – Branntwein

G
Glust, Gluscht – Lust auf etwas,
   Appetit
Gschweuti – Pellkartoffeln
Güetzi – Plätzchen
Güggel – Hahn, Gockel
Guggumere – Gurke
Guschdi – Rind
Gutter, Guttere – Flasche
Guu, Güüli – Geschmack
Gwächs – Getreide

H
habe – aufgehen (Hefeteig)
Haber – Hafer
habere – essen (auch: mit Hafer
   füttern)
Hamme – Schinken
Härdöpfel – Kartoffel
Härdöpfeler – Kartoffelbranntwein
Heiti – Heidelbeeren
Himpi – Himbeeren
Hostet, Hoschtert – Obstgarten
Hungg – Honig

I
Imt, Impt – Bienenvolk

L

la probiere – Nahrung kosten lassen

Läbchueche – rechteckiger Lebkuchen mit Verzierungen aus
Zuckerglasur

Laffli – geräuchertes Schweine-
fleisch

Landjeger – gepresste Dauerwurst
(auch: Polizist)

M

Meertrübeli – Johannisbeeren

Moore – weibliches Schwein

moschte – Äpfel auspressen, Most
machen

Mues – Mus, Brei

Muni – Stier

Mürggu – Brotanschnitt (auch:
mürrischer Kerl)

N

Nägeli – Nelke (Gewürz)

Naselöchli – kleines (Schnaps-)Glas,
kleiner Schluck

Niidle – Rahm

Nydletäfeli – Sahnebonbon

O

Öpfel/Öpfu – Apfel

Oschterflade – Eierkuchen

P

Pääggel – (kleines) Lamm

Paggeli – kleines Glas mit Schnaps

peye – zahlen, bezahlen

Pfünderli – Brotlaib, 1/2 kg

Plööterliwasser – Mineralwasser

Polänta – Maisbrei

R

rääss – scharf, gewürzt, salzig (auch:
bissig, heftig)

Rauft – Brotrinde, Käserand

Röselichöli – Rosenkohl

röuke – räuchern

Rübis u stübis – alles aufessen

S

Schale – Milchkaffee (Tasse)

Schnifel – Scheibe

Stierenoug – Spiegelei

Stückli – Konditoreiware (klein)

Stygüferli – Kapuzinerkresse

T

Täfeli – Bonbon (auch: »kleine
Tafel«)

Tätsch – flache, in der Pfanne
gebratene Speise

Tulong – Tetrapack

U

übere gheit – Essig gewordener Most
oder Wein; sauer gewordene Milch

Ürti, Üerti – Zeche

W

Wäntele – kleine Schnapsflasche,
Flachmann

Waudfescht – eine Cervelat (Brüh-
wurst) mit einem Stück Brot

Waueliwachs – ungenießbares oder
zähes Gewebe am Fleisch

Wienerli – Wiener Würstchen

Würm bade – fischen

Wy – Wein

Wymonet – Weinmonat (Oktober)

Y

yfreese – essen

Yklemmts – Sandwich

Ysch, Ys – Eis

Z

Zaabe – Imbiss am Nachmittag

Zibele – Zwiebel

Zimis – Imbiss (auch: Mittagessen)

Zmittag – Mittagessen

Zmorge – Frühstück

Znacht – Abendessen

Znüni – Imbiss am Vormittag

Zvieri – Imbiss am Nachmittag

Reisepraktisches von A–Z

ANREISE

MIT DEM AUTO

Von Deutschland aus gelangt man über die A 5 in die Nordwestschweiz. Autobahnschnittpunkt ist Karlsruhe. Von der Grenze geht die Fahrt dann zuerst auf der A 25/E 35 vorbei an Basel, anschließend über die A 1/E 25 und die A 6 bis Bern. Auf Schweizer Autobahnen ist die grüne Vignette Pflicht. Sie kostet 40 SFr (26,80 €), ist direkt an der Grenze erhältlich und gilt vom 1. Dez. 14 Monate bis zum 31. Jan. des übernächsten Jahres.

MIT DER BAHN

Der Berner Hauptbahnhof ist eine Station der Schweizerischen Bundesbahnen (SBB). Nach dem Hauptbahnhof Zürich bildet er den zweitgrößten Knoten im Eisenbahnnetz der Schweiz. Bern verfügt über einen direkten Anschluss an den internationalen Fernverkehr und ist die einzige Hauptstadt Europas, die von den drei Hochgeschwindigkeitszügen **TGV** (Paris), **ICE** (Frankfurt) sowie **Cisalpino** (Mailand) angefahren wird. Im Internet kann man günstige Click & Rail-Tickets (»Billette«) für Züge und Strecken innerhalb der Schweiz sowie zwischen Deutschland, Österreich oder Italien und der Schweiz buchen (www.sbb.ch).

MIT DEM FLUGZEUG

Vor den Toren Berns liegt der internationale Flughafen Bern-Belp. Er ist rund 9 km vom Stadtzentrum entfernt und mit dem Auto von dort aus bequem in 20 Fahrminuten zu erreichen. Von München aus fliegt Lufthansa direkt in die Hauptstadt. Ein Shuttle-Bus verbindet den Flughafen mit der Innenstadt Berns. Seine Fahrten sind mit der Ankunft der Flüge abgestimmt und kosten 25 SFr.

Auf www.atmosfair.de und www.myclimate.org kann jeder Reisende durch eine Spende für Klimaschutzprojekte für die CO_2-Emission seines Fluges aufkommen.

Flughafen Bern-Belp ▸ S. 115, F 4

Zentrale Tel. 0 31/9 60 21 11, Flugauskunft Tel. 0 31/9 60 21 27 • www.flughafenbern.ch

AUSKUNFT

IN DEUTSCHLAND UND ÖSTERREICH

Schweiz Tourismus

Tel. 0 08 00 10 02 00 30 (kostenlos) • www.myswitzerland.com

IN BERN

Tourist Center Bahnhof

▸ S. 118, A 5

Innere Stadt • Bahnhofplatz 10a • Bus, Tram: Bern Bahnhof • Tel. 0 31/3 28 12 12 • www.berninfo.com • Mo–Sa 9–19, So, feiertags 9–18 Uhr

Tourist Center Bärengraben

▸ S. 119, E 5

Innere Stadt • Grosser Muristalden 6 • Bus: Bärengraben • Tel. 0 31/3 28 12 12 • www.berninfo.com • Juni–Sept. tgl. 9–18, März–Mai, Okt. tgl. 10–16, Nov.–Feb. Fr–So 11–16 Uhr

BEHINDERTE

Das Tourist Center Bern (▸ Auskunft, S. 106) hält Infos zu barrierefreien Hotels, speziellen Stadtführungen sowie Museen und Restaurants bereit, die für Rollstuhlfahrer zugänglich sind. Rund 95 % der in Bern verkehrenden

Trambahnen und Busse sind Niederflurfahrzeuge, die Rollstuhlfahrern einen leichten Einstieg ermöglichen.

Bernmobil

Infocenter Tel. 0 31/3 21 88 44 • www.bernmobil.ch • Mo–Fr 8.30–18 Uhr

BERN CARD

Günstiger lässt sich Bern kaum entdecken. Die Bern Card ist für einen, zwei oder drei Tage lösbar. In dieser Zeit können ihre Inhaber die öffentlichen Verkehrsmittel in Bern und Umgebung (Zonen 10/11) unbegrenzt nutzen. Dazu gehört auch die Beförderung mit Gurtenbahn, Senkeltram und Marzilibahn.

Im Preis enthalten sind der freie Eintritt in diverse Dauerausstellungen von 27 Museen, Bibliotheken, Archiven, Gärten sowie die Bern Show und Ermäßigungen für Stadtführungen und das Mieten eines Wagens bei Europcar. Die Bern Card ist bei den Tourist Centern am Bahnhof und am Bärengraben erhältlich. Sie kostet für 1 Tag 20 SFr, für 2 Tage 31 SFr und für 3 Tage 38 SFr. Kinder zahlen für 1 Tag 16 SFr, für 2 Tage 26 SFr und für 3 Tage 31 SFr.

BUCHTIPPS

Eveline Hasler: Tells Tochter (Nagel & Kimche, 2004) Haslers biografischer Roman schildert das Leben Julie Bondelis, Tochter einer Berner Patrizierfamilie. Im 18. Jh. bildete sich um sie ein illustrer Intellektuellenkreis. Die »Weltwoche« vermerkte: »Kaum je ist das Bern des Ancien Régime, diese sich verzweifelt gegen das Neue stemmende Welt, atmosphärisch dichter gezeichnet worden.«
Therese Bichsel: Nahe den Eisriesen (Zytglogge Verlag, 2008) Die Berner Autorin begibt sich auf die Spurensuche bekannter Persönlichkeiten im Berner Oberland. Der Leser begleitet Goethe, Kleist, Brahms und Hodler in die faszinierende Schweizer Bergwelt.
Friedrich Dürrenmatt: Der Richter und sein Henker (Rowohlt Taschenbuch, 2000) Ein Mitarbeiter des alternden Berner Kriminalkommissars Bärlach wird leblos aufgefunden. Schnell weiß Bärlach, wer der Mörder ist. Doch sein Ziel ist ein ganz anderes, als diesen der Gerechtigkeit zu überführen … Friedrich Dürrenmatt ging selbst in Bern zur Schule und studierte dort Philosophie.
Charles Ofaire: Berns verlorene Kindheit (Dielmann, 2009) Der Roman schildert die Geschichte einer Berner Familie zwischen 1900 und 1950. Charles Ofaire lässt seine fiktiven Charaktere auf historische treffen, darunter Paul Klee, Albert Einstein und Lenin. Hauptprotagonistin ist jedoch Bern selbst, der Autor präsentiert die Stadt wie eine Bühne.

DIPLOMATISCHE VERTRETUNGEN
Deutsche Botschaft Bern

▶ S. 119, E 8

Kirchenfeld-Schosshalde • Willadingweg 83, 3006 Bern • Bus: Willadingweg • Tel. 0 31/3 59 41 11 • www.bern.diplo.de

Österreichische Botschaft Bern

▶ S. 119, D 6

Kirchenfeld-Schosshalde • Kirchenfeldstr. 77/79, 3005 Bern • Bus, Tram: Thunplatz • Tel. 0 31/3 56 52 52 • www.bmeia.gv.at/botschaft/bern.html

FEIERTAGE

1. Jan. Neujahrstag
2. Jan. Berchtoldstag

Karfreitag
Ostersonntag
Ostermontag
Christi Himmelfahrt (Auffahrt)
Pfingstsonntag
Pfingstmontag
1. Aug. Nationalfeiertag
25. Dez. Weihnachten
26. Dez. Stephanstag

GELD

1 SFr	0,84 €
1 €	1,19 SFr

100 Rappen sind ein Schweizer Franken. Im Umlauf befinden sich Münzen im Wert von 5, 10 und 20 Rappen sowie 1/2, 1, 2 und 5 Franken. Banknoten sind als 10-, 20-, 50-, 100-, 200- und 1000-Franken-Scheine erhältlich. Wechseln kann man in Banken, Postämtern und in der Wechselstube der SBB am Hauptbahnhof.

SBB Change im Bahnhof-UG
Tel. 0 51/2 20 23 47 • www.sbb.ch/change • Mo–Fr 7–19.30, Sa 7–19, So 9–19 Uhr

INTERNET

www.bern.ch
Offizielles Portal der Stadt Bern mit umfassendem Angebot zu Kultur, Politik, Tourismus und Wirtschaft.
www.berninfo.com
Offizielle Tourismusseite der Stadt Bern mit einem Eventkalender und umfangreichen Infos zu Sightseeing, Kultur, Übernachtungsmöglichkeiten und Gastronomie.
www.bernerzeitung.ch
Webseite der hiesigen Tageszeitung.
www.digibern.ch
Internetangebot der Universität Bern mit einer Sammlung digitaler Texte

zu Geschichte und Kultur von Stadt und Kanton Bern.
www.g26.ch
Plattform für Kunst, Kultur und Gesellschaft, die kaum Fragen zum Leben der Hauptstadt offenlässt.
www.museen-bern.ch
Von A wie Ausstellungen bis Z wie Zeiten – die Website bietet alles Wissenswerte über Berns Museen.
www.berneroberland.ch
Diese Adresse verschafft einen guten Überblick über die zahlreichen Ausflugsziele im Berner Oberland.

MÄRKTE

Flohmarkt ▸ S. 119, D 5
Innere Stadt • Mühlenplatz in der Matte • Bus: Nydegg • Mai–Okt. 3. Sa im Monat 8–16 Uhr

Frischwarenmarkt ▸ S. 118, B 5
Gemüse, Früchte, Delikatessen und Blumen in großer Auswahl.
Innere Stadt • Bundesplatz, Schauplatz-, Gurten- und Bundesgasse • Bus, Tram: Bärenplatz • Di, Sa 6–12 Uhr • Bärenplatz • Di, Sa 7–12 Uhr, April–Okt., Dez. tgl.

Handwerkermarkt ▸ S. 118, C 5
Innere Stadt • Münsterplattform • Bus: Rathaus • März–Dez. 1. Sa im Monat 8–16, 1. So im Dez. 10–17 Uhr

Warenmarkt (Bäremärit)
▸ S. 118, B 5
Innere Stadt • Waisenhausplatz • Bus, Tram: Bärenplatz • Jan.–Nov. Di 8–18, Sa 8–16, April–Okt. Do 9–20 Uhr

Weihnachtsmarkt ▸ S. 118, B 5
Innere Stadt • Waisenhausplatz/Münsterplatz • Bus, Tram: Bärenplatz bzw. Bus: Rathaus • ab Sa vor dem 1. Advent bis Ende Dez.

Zwiebelmarkt (Zibelemärit)

▶ S. 118, B/C 5

Altstadt • 4. Mo im Nov. 6–18 Uhr

MEDIZINISCHE VERSORGUNG
KRANKENVERSICHERUNG

Deutsche Krankenkassen erstatten ihren Mitgliedern die in der Schweiz entstandenen Arztkosten; über Einzelheiten informieren die Kassen. Für Österreicher empfiehlt sich der Abschluss einer privaten Krankenversicherung, da kein entsprechendes Abkommen besteht. Als zusätzlicher Versicherungsschutz ist der Abschluss einer Auslandskrankenversicherung zu empfehlen, da diese Krankenrücktransporte mitversichert.

KRANKENHAUS
Inselspital, Universitäts-
spital Bern
▶ S. 114, C 3

Mattenhof-Weissenbühl • Freiburgstr. 3 • Bus: Inselspittal • Tel. 0 31/6 32 21 11

APOTHEKEN

Die meisten Apotheken sind von 7 bzw. 8 bis 18.30 bzw. 19 Uhr geöffnet.

Apotheke Hörning im Bahnhof

▶ S. 118, A 5

Innere Stadt • Bahnhofplatz • Bus, Tram: Bern Bahnhof • Tel. 0 31/3 29 25 25 • tgl. 6.30–22 Uhr

NOTRUF

Euronotruf Tel. 1 12
(Polizei, Feuerwehr, Rettungsdienst)

ÖFFNUNGSZEITEN

In Bern sind die Läden Mo–Sa geöffnet. Dabei gelten im Allgemeinen folgende Öffnungszeiten: Mo 14–19, Di–Mi, Fr 9–19, Do 9–21, Sa 8–17 Uhr. Viele Geschäfte regeln ihre Öffnungs-

NEBENKOSTEN

1 Tasse Café crème	3,50 €
1 Bier (0,3 l)	5,00 €
1 Cola (0,3 l)	4,20 €
1 Brot (500 g)	1,00 €
1 Schachtel Zigaretten	4,80 €
1 Liter Benzin (Super)	1,23 €
Öffentl. Verkehrsmittel (Tageskarte)	10,00 €
Mietwagen/Tag	ab 94,00 €

zeiten jedoch individuell und öffnen montags schon ab 9 oder schließen freitags erst um 20 Uhr. Sonntags kann man im Hauptbahnhof einkaufen.

POST

Die Briefkästen der Schweiz sind gelb. Briefmarken erhält man in den Postfilialen und in Zeitungsläden, die auch Postkarten verkaufen. Postsendungen, die schnell ihr Ziel erreichen sollen, versieht man besser mit einem Aufkleber »A Prioritaire«. Postkarten und Briefe kosten innerhalb der Schweiz 0,85 SFr (B-Post) bzw. 1 SFr (A-Post), in Europa 1,30 SFr (Economy) bzw. 1,40 SFr (Priority).

REISEDOKUMENTE

Deutsche und Österreicher können mit einem gültigen Reisepass oder Personalausweis einreisen. Kinder unter 16 Jahren benötigen einen Kinderausweis oder -reisepass oder müssen im Pass eines Elternteils eingetragen sein.

STADTRUNDGÄNGE

Bern Tourismus bietet täglich mit dem offiziellen Altstadtbummel eine **Führung durch die Berner Altstadt** an. Treffpunkt: 11 Uhr am Tourist Center Bahnhof (18 SFr, Kinder 9 SFr).

Mittelwerte	JAN	FEB	MÄR	APR	MAI	JUN	JUL	AUG	SEP	OKT	NOV	DEZ
Tages-temperatur	2	5	10	15	19	20	24	24	20	14	7	3
Nacht-temperatur	-4	-3	0	4	8	11	13	13	10	6	1	-2
Sonnen-stunden	2	3	4	6	7	7	7	7	6	3	2	2
Regentage pro Monat	11	10	9	11	12	13	13	13	10	10	10	10

Im Rahmen der **Zeitglockenturm-führung** können Besucher das westliche Stadttor der Altstadt von Bern erkunden und eine fantastische Aussicht auf Berns Gassen und Dächer genießen. Treffpunkt: um 14.30 Uhr am Zeitglockenturm (Preis: 15 SFr, Kinder von 6 bis 16 Jahren 7,50 SFr, www.zytglogge-bern.ch).
Mit der bebilderten **Audioguide-Tour** kann man auf eigene Faust Bern entdecken. Die Tourismus Center am Bahnhof und am Bärengraben verleihen entsprechende iPods (Preis: bis 6 Std. 18 SFr, bis 24 Std. 25 SFr).

TELEFON
VORWAHLEN

D, A ▸ Schweiz 00 41
Schweiz ▸ D 00 49
Schweiz ▸ A 00 43
Bern ▸ 0 31
In der Schweiz muss auch bei Ortsgesprächen die Vorwahl mitgewählt werden. Bei Gesprächen aus Deutschland oder Österreich in die Schweiz entfällt die 0 der Vorwahl.

TIERE

Wer mit seinem Hund oder seiner Katze in die Schweiz reisen will, benötigt einen tierärztlichen Nachweis, dass das Tier gegen Tollwut geimpft ist. Die Impfung muss mindestens drei Wochen vor Reisebeginn stattgefunden haben und darf nicht älter als ein Jahr sein. Außerdem muss das Haustier mit einem Mikrochip gekennzeichnet sein.

TRINKGELD

Trinkgeld ist in Restaurants und Cafés in den Preisen inbegriffen. Trotzdem werden aufmerksames Personal und guter Service in der Regel mit etwa 10 % des Bruttorechnungsbetrags honoriert.

VERKEHR
AUTO

Die Höchstgeschwindigkeit beträgt auf Autobahnen 120 km/h, außerorts 80 km/h und in Bern 50 km/h. Die Promillegrenze liegt bei 0,5, das Telefonieren mit dem Handy ohne Freisprechanlage ist untersagt.
Für Bern-Besucher empfiehlt es sich, die öffentlichen Verkehrsmittel zu nutzen, da die Innenstadt für den Durchgangsverkehr weitgehend gesperrt ist. In blau markierten Zonen darf 1,5 Std. lang mit Parkscheibe geparkt werden, gelbe Zonen erlauben das Ein- und Ausladen, lediglich weiß markierte Flächen sind frei von Beschränkungen. In der Innenstadt gibt es keinerlei Alternativen zu den Parkhäusern, die ausgeschildert sind. 5 Std. kosten am Tag ungefähr 20 SFr (www.parking-bern.ch).

FAHRRAD

In der Schweiz fährt man nicht Fahrrad, sondern »Velo«. Im Ski- und Velocenter am Hirschgraben sowie am Bahnhof SBB kann man ein Velo für 33 SFr am Tag mieten. Gegen 20 SFr Kaution und die Vorlage eines gültigen Ausweises stellt der Fahrradverleih »Bern rollt« von Mai bis Oktober ein Velo 4 Std. lang gratis zur Verfügung. Jede weitere Stunde kostet dann 1 SFr.

Velo-Verleih Bahnhof SBB

▶ S. 118, A 5

Innere Stadt • Milchgässli, am Bahnhof • Reservierungen Tel. 0 51/2 20 23 74

Ski- und Velocenter ▶ S. 118, A 5

Innere Stadt • Am Hirschengraben 7 • Tel. 0 31/3 12 00 31

Bern rollt ▶ S. 118, A 5 und B 5

Innere Stadt • Standorte: Bahnhof (Milchgässli), Hirschengraben und Zeughausgasse • Reservierungen: info@bernrollt.ch

KUTSCHE

Wer mag, kann die Berner Altstadt im Sommer ab 9.30 Uhr bis abends während einer Kutschfahrt besichtigen. Die Standplätze befinden sich am Bärenplatz, am Zeitglockenturm und am Bärengraben. Fahrten nur auf Anfrage unter Tel. 0 79/4 07 78 27.

ÖFFENTLICHE VERKEHRSMITTEL

Bernmobil, die städtischen Verkehrsbetriebe der Hauptstadt, bieten ein erstklassig ausgebautes Verkehrsnetz. 18 Bahnlinien (»Trams«) und zahlreiche Buslinien erstrecken sich über die Stadt. »Billette« gibt es am Automaten, Schalter oder auch beim Busfahrer (www.bernmobil.ch). Tageskarten sind – je nach Anzahl der Zonen – für Erwachsene ab 12 SFr und für Kinder ab 9 SFr erhältlich. Für Besucher empfiehlt sich der Kauf einer Bern Card (▶ S. 107). Infocenter: Bubenbergplatz 17, Tel. 0 31/3 21 88 44, Mo–Fr 8.30–18 Uhr.

In den Nächten von Donnerstag auf Freitag, Freitag auf Samstag und Samstag auf Sonntag sind die Moonliner auf Berns Straßen unterwegs. Der Fahrpreis variiert je nach Distanz. Die Tickets können direkt im Nachtbus erstanden werden. Shuttle-Busse bringen die Fahrgäste von Berns »Hot Spots« zum Abfahrtspunkt am Bahnhofplatz (Tel. 0 31/3 21 88 12, Mo–Fr bis 17 Uhr, Tel. 0 31/3 21 86 31, Sa, So bis 17 Uhr, www.moonliner.ch).

Das Netz der S-Bahn Bern ist das zweitgrößte der Schweiz. Insgesamt verbinden zwölf Linien die Hauptstadt mit dem Umland bis hin zu Fribourg in der Romandie, Biel/Bienne im Seeland, Thun im Oberland und Langnau im Emmental.
www.s-bahn-bern.ch • Tel. 0 31/3 27 27 27

SEILBAHNEN UND LIFTE

Bern liegt malerisch zwischen Wäldern und Hügeln eingebettet. Mehrere Seilbahnen verkehren zu den höher gelegenen Stadtteilen Berns und bringen das Umland nahe.

Gurtenbahn ▶ S. 114/115, C/D 4

Panoramablick, Freizeitspaß und kulinarische Genüsse – der Berner Hausberg Gurten ist nicht umsonst der Ausflugsliebling der Hauptstadtbewohner. Vom Bahnhof aus ist die Haltestelle Gurtenbahn mit der Tram der Linie 9 oder der S3 bequem zu

erreichen. Die Hin- und Rückfahrt mit dem Panoramawagen kostet für Erwachsene 10,50 SFr, für Kinder 5,50 SFr. Infos und Reservierung:
– Gurtenbahn Talstation: Tel. 0 31/9 61 23 23 • www.gurtenbahn.ch
– Gurten-Park im Grünen: Tel. 0 31/9 70 33 33 • www.gurtenpark.ch

Mattenlift   ▸ S. 118, C 5

Der Mattenlift, auch Senkeltram genannt, verbindet die Münsterplattform mit der tiefer gelegenen Badgasse im Mattequartier. In diesem elektrischen Personenaufzug lassen sich die rund 31,5 m Höhenunterschied bequem und schnell überwinden. Eine Einzelfahrt kommt auf 1,20 SFr, Kinder fahren bis zu ihrem 6. Geburtstag gratis mit. Fahrtzeiten: Mo–Sa 6–20.30, So 7–20.30 Uhr; bei besonderen Anlässen tritt ein Spezialfahrplan in Kraft (www.matte.ch/mattequartier/mattelift).

Marzilibahn   ▸ S. 118, B 5

Die kürzeste Drahtseilbahn Europas bringt ihre Fahrgäste in knapp einer Minute vom Marziliquartier an der Aare an den Bundesplatz in der höher gelegenen Altstadt (und zurück).

TAXI

Einige Berner Taxiunternehmen sind mit dem Qualitätsprüfsiegel (Q-Siegel) des Schweizer Tourismus-Verbandes ausgezeichnet worden, das optimalen Kundenservice gewährleisten soll. Da es in der Stadt keine Einheitstarife gibt, sind die folgenden Preise lediglich als Orientierung zu verstehen. Der Grundpreis für eine Fahrt liegt bei etwa 6,80 SFr. In der Regel gibt es einen Tag- (6–20 Uhr) und einen Nachttarif (20–6 Uhr). Ersterer liegt bei ungefähr 3,80 SFr/

km, Letzterer bei 4,20 SFr/km. Sonn- und Feiertage werden meistens nach dem Nachttarif berechnet. Öffentliche Standplätze befinden sich am Casinoplatz und am Bahnhof.
Anbieter (Auswahl):
Bären-Taxi
Tel. 0 31/3 71 11 11, Gratisnummer 08 00/55 42 32
Nova-Taxi
Tel. 0 31/3 31 33 13, Gratisnummer 08 00/87 98 79

ZEITUNGEN UND ZEITSCHRIFTEN

»Berner Zeitung BZ«
Große Tageszeitung der Stadt Bern. www.bernerzeitung.ch
»Der Bund«
Seit 1850 verfolgt die Tageszeitung das politische, wirtschaftliche und kulturelle Leben der Schweiz. Finanzielle Probleme stellen die Existenz seit geraumer Zeit jedoch in Frage. www.derbund.ch
»20 Minuten«, ».ch«, »News«, »Blick am Abend«
Boulevardeske Gratisblätter. In Zeitungsboxen flächendeckend erhältlich. »20 Minuten« stellt mit 530 000 Exemplaren pro Auflage die größte Zeitung der Schweiz.

ZOLL

Reisende aus Deutschland und Österreich dürfen Waren im Wert von 300 € , bei Flugreisen von 430 € (Jugendliche: 175 €) abgabenfrei mit nach Hause nehmen. Die Waren müssen jedoch für den privaten Gebrauch vorgesehen sein. Tabakwaren und Alkohol fallen nicht unter diese Wertgrenze und bleiben in bestimmten Mengen abgabenfrei (z. B. 200 Zigaretten, 2 l Wein). Weitere Auskünfte erhalten Sie unter www.zoll.de und www.bmf.gv.at/zoll.

Kartenatlas

Maßstab 1:15 000

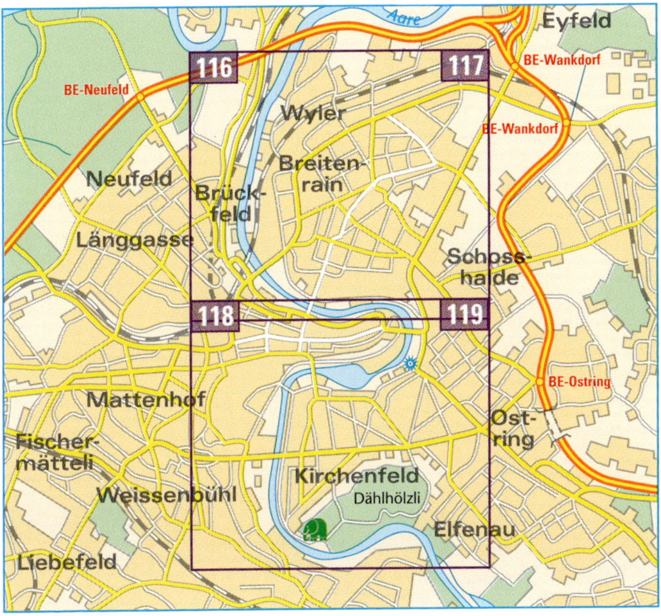

116 **117**
BE-Neufeld
BE-Wankdorf
Eyfeld

Wyler
BE-Wankdorf

Breiten-
rain

Neufeld
Brück-
feld

Länggasse
Schoss-
halde

118 **119**
BE-Ostring

Mattenhof
Öst-
ring

Fischer-
mätteli

Weissenbühl
Kirchenfeld
Dählhölzli

Liebefeld
Elfenau

Legende

Spaziergänge

 Ein Rundgang durch
die Altstadt (S. 88)
Start: S. 119, E5

Sehenswürdigkeiten

 MERIAN-TopTen

 MERIAN-Tipp

Sehenswürdigkeit,
öffentl. Gebäude

 Sehenswürdigkeit Kultur

Sehenswürdigkeit Natur

Kirche

Kloster

Schloss, Burg

Synagoge

Museum

Denkmal

Sehenswürdigkeiten ff.

 Höhle

Archäologische Stätte

Verkehr

Autobahn

Autobahnähnliche
Straße

Fernverkehrsstraße

Hauptstraße

Nebenstraße

Sonstige Straßen

Fußgängerzone

P Parkmöglichkeit

Bahnhof (Schweiz)

Flughafen; -platz

Seilbahn, Sessellift,
Zahnradbahn

Sonstiges

Information

Theater

Markt

Zoo

Aussichtspunkt

Nationalpark-,
Naturparkgrenze

A **B** **C**

1

Bühlikofen
Ortschwaben
Uettligen
Schüpfenried
Riederenwald
Bremgarten
bei Bern
**Herrensch-
wandden**
Halen
**Stuckis-
haus**
Oberdettingen
Felsena
Hinterkappelen
Neubrücke
Unterdettingen *Aare*
Polizei

2

B r e m g a r t e n w a l d
BE-Neufeld
Eymatt
A1
Stadion
FCB
Neufeld
Gäbelbach
BE-Bethlehem
BE-Forsthaus
Brü
fel
BE-Weyer-
mannshaus
Länggasse
Riedern
Gäbel-
bach
Bethlehem
Freibad
Weyermannshaus
Moratt, Murten
10
Westside
A1
Stöck-
acker
Holligen
i
Brünnen
BE-Brünnen
P
BE-Bümpliz/
Koniz
Mattenhof
Bundes
Polizei
3
Nieder
Bottigen
Bümpliz
Fischer-
mätteli
Weissenbühl
Niederwangen
A12
K ö n i z b e r g w a l d
Liebefeld
Morillo
Flamatt, Fribourg
Nieder
wangen
Ried
Köniz
Spiegel
12
5
4
Landorf
Polizei
Gurte
85
Lehn
Herzwil
Schliern
Schwanden

A **B** **C**

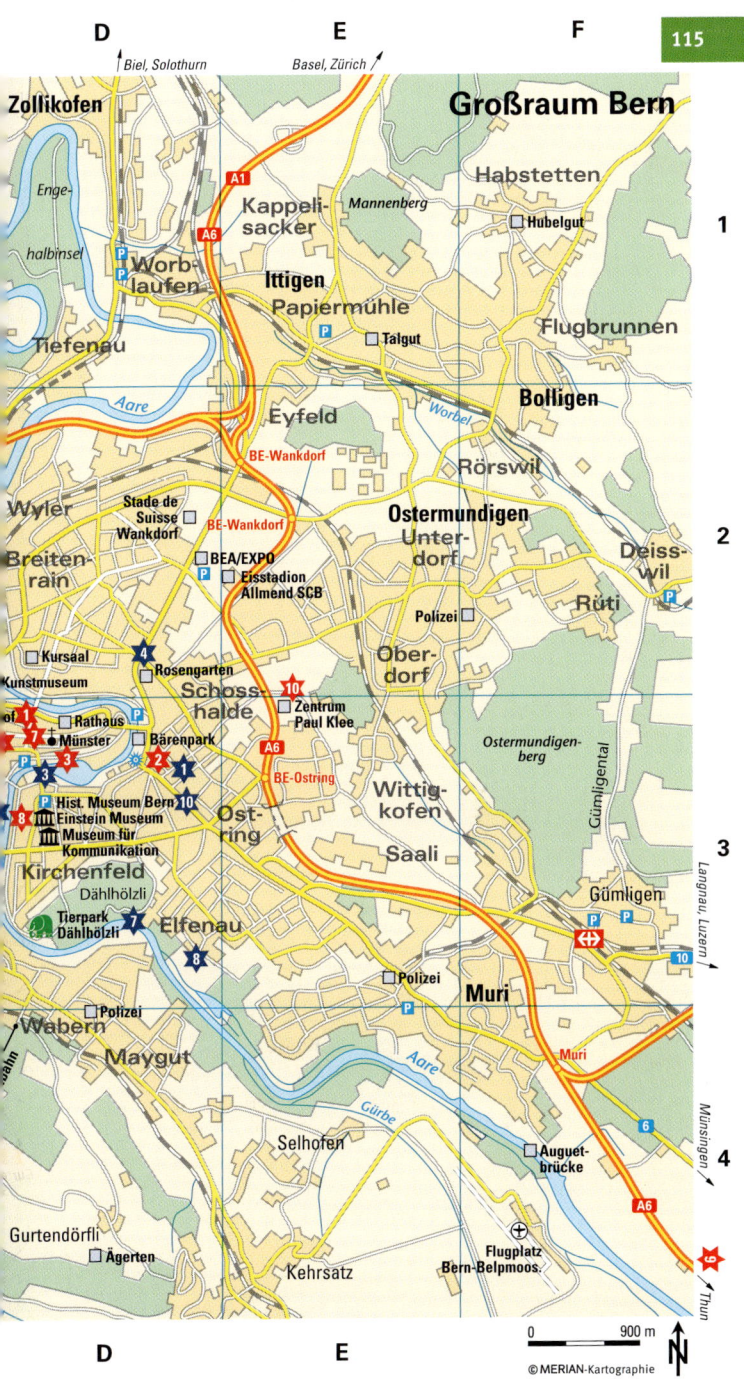

Großraum Bern

Biel, Solothurn *Basel, Zürich*

Zollikofen

D   E   F

Engehalbinsel

Tiefenau

Aare

Kappelisacker

Mannenberg

Habstetten

Hubelgut

Ittigen

Papiermühle

Talgut

Flugbrunnen

Worblaufen

Eyfeld

Worbel

Bolligen

BE-Wankdorf

Wyler

Stade de Suisse Wandkdorf

BE-Wankdorf

Rörswil

Ostermundigen

Deisswil

Breitenrain

BEA/EXPO

Eisstadion Allmend SCB

Unterdorf

Rüti

Polizei

Kursaal

Rosengarten

Schosshalde

Zentrum Paul Klee

Oberdorf

Ostermundigenberg

Gümligental

Kunstmuseum

Rathaus

Münster

Bärenpark

BE-Ostring

Wittigkofen

Langnau, Luzern

Hist. Museum Bern

Einstein Museum

Museum für Kommunikation

Ostring

Saali

Gümligen

Kirchenfeld

Dählhölzli

Tierpark Dählhölzli

Elfenau

Polizei

Muri

Münsingen

Wabern

Polizei

Maygut

Selhofen

Aare

Gürbe

Muri

Gurtendörfli

Ägerten

Kehrsatz

Auguetbrücke

Flugplatz Bern-Belpmoos

Thun

D   E

0   900 m

© MERIAN-Kartographie

N

A   B   C

1

Kleiner Bremgartenwald

A1   Schule

Studerstrasse

Schrebergärten

Studerstrasse

Sportplatz

V i e r e r f e l d

Wylergut

Schule   Haller

Sustenstrasse

Haldenstrasse

Jaunweg

Pillonweg

Scheibenstr.

Dählikarweg

Grünselstrasse

Scheiben...

W

Reichenbachstr.

Stauffacherstr.

Aare

2

Viererfeldweg

Engestrasse

Tiefenaustrasse

Burgerheim

Spital Engeried/
Altersheim

Diesbach-
str.

Daxelhoferstr.

Engehaldenstrasse

Jurastrasse

Haldenstrasse

Tellweg

Polygonstrasse

Wyler

Schnellgut
Bahnhof

Polygonstrasse

Wylerstr.

Wyler str.

Wyleringstrasse

Wylerfeldstrasse

Standstrasse

Flurstrasse

Birkenweg

Dr. Fürst...

Allmendstrasse

Marienkirche

Schule

Steckweg

Altersheim

Johanneskirch

Lorraine-
bad

Schule

Quartierg.

Blumenweg

Römerw.

Zaunweg

Papillerw.

Greyerzstrasse

Breitenrainstrasse

Burgerheim...

Kantons-
Polizei

3

Neubrückstr.

Engestrasse

Wildparkstr.

Post
Finance

Tiefenaustrasse

Uferweg

Lorraine

Hetweg

Lorrainestrasse

Randweg

Lagerweg

Schulweg

Nordweg

Dammweg

Burgon

Gewerbe-
schule

Wynenbachstrasse

Kreuzgutstrasse

Greyerzstrasse

Optingenstrasse

Dir.
BKW

Neubrückstrasse

Reichenbachstr.

Hallerstrasse

Altersheim

Altersheim

Altersheim

Gesellschaftsstr.

Mattenweg

Gewerbeschule
Lehrwerkst

Uferweg

Uferweg

Schule für
Gestaltung

Dammweg

P

Viktoriarain

Gewerbeschule

Greyerzstr.

Schänzlistrasse

Kursaalstr.

P

Schu

Kenfennstr.

Humboldt...

4

Falkenw.

Staats-
archiv

Sidlerstrasse

Phys. Inst.

Universität
Parkterrasse

Dir. SBB

Hochschulstrasse

Grosse
Schanze

Neubrückstrasse

Schützenstrasse

Reitschule

P

Lorrainebrücke

Amtshaus

Genfergasse

Speichergasse

PROGR

Aarbergergasse

Neuengasse

Bollwerk

Aare

Botanischer
Garten

Altenbergrain

Schänzlihalde

Kursaal

Klinik
Beau-Site

Rabbentalstrasse

Altersheim

Altenbergstr.

Kornhausbrücke

Viktoria-Spital

Rabbentalstrasse

Kornhausstrasse

Turnhalle

Sportplatz

Uferweg

Kunstmuseum

Hodler-
str.

Stadtpolizei

Waisenhaus-
platz

Nägelistrasse

Langmauerweg

Schüttestr.

Stadt-Theater

Kornhausbrücke

Brunngass...halde

Brunng...

118

Hauptbahnhof

Schanzen-
post

Burger-
Spital

Zeughaus...

Rathausgasse

Christkath. Kirche

Zytglogge

A   B   C

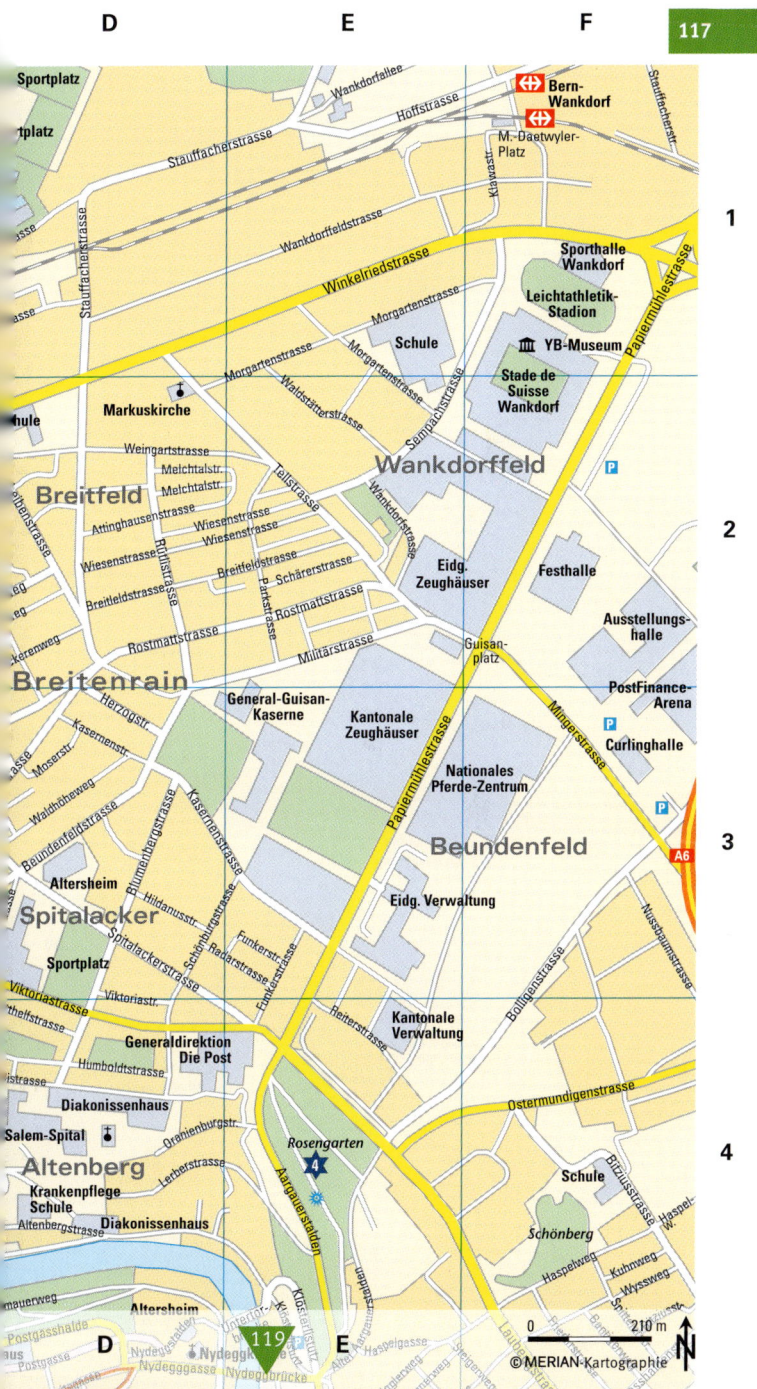

Sportplatz

tplatz

Stauffacherstrasse

Stauffacherstrasse

Wankdorfallee

Hofftrasse

Bern-Wankdorf

M.-Daetwyler-Platz

Klawrstr.

Stauffacherstrasse

1

Wankdorffeldstrasse

Winkelriedstrasse

Sporthalle Wankdorf

Papiermühlestrasse

Morgartenstrasse

Morgartenstrasse

Leichtathletik-Stadion

Schule

⛪ **YB-Museum**

🏛

Markuskirche

Morgartenstrasse

Waldstätterstrasse

Seenpachstrasse

Stade de Suisse Wankdorf

chule

Weingartstrasse

Melchtalstr.

Tellstrasse

Melchtalstr.

Wankdorffeld

P

Breitfeld

Attinghausenstrasse

Wiesenstrasse

Rütlistrasse

Wiesenstrasse

Wankdorferstrasse

Wiesenstrasse

2

cherstrasse

Breitfeldstrasse

Schärerstrasse

Eidg. Zeughäuser

Festhalle

eg

Breitfeldstrasse

Parkstrasse

Rostmattstrasse

Ausstellungs-halle

kerenweg

Rostmattstrasse

Militärstrasse

Guisan-platz

PostFinance-Arena

Breitenrain

Herzogstr.

General-Guisan-Kaserne

Kasernenstrasse

Kantonale Zeughäuser

Mingerstrasse

P

Curlinghalle

asse

Moserstr.

Kasernstr.

Waldhöheweg

Reundenfeldstrasse

Blumenbergstrasse

Nationales Pferde-Zentrum

3

Papiermühlestrasse

P

Beundenfeld

A6

Altersheim

Hildanusstr.

Radarstrasse

Schönburgstrasse

Eidg. Verwaltung

Nussbaumstrasse

Spitalacker

Spitalackerstrasse

Funkerstrasse

Funkerstrasse

Sportplatz

Viktoriastrasse

Viktoriastr.

Reiterstrasse

Kantonale Verwaltung

Bolligenstrasse

theffstrasse

Generaldirektion Die Post

Humboldtstrasse

istrasse

Diakonissenhaus

Oranienburgstr.

Ostermundigenstrasse

4

Salem-Spital

♥

Rosengarten

Altenberg

Lerberstrasse

⚓

Schule

Krankenpflege Schule

Diakonissenhaus

Schönberg

Büntelistrasse

W. Hasnel-

Altenbergstrasse

Aargauerstalden

Kuhnweg

Hasnelweg

Wyssweg

mauerweg

Postgasshalde

Altersheim

Postgasse

Unterer

Klösterlistutz

D

Nydegg...

Nydeggasse

Nydeggbrücke

E

Haspelgasse

F

0   210 m

© MERIAN-Kartographie

N

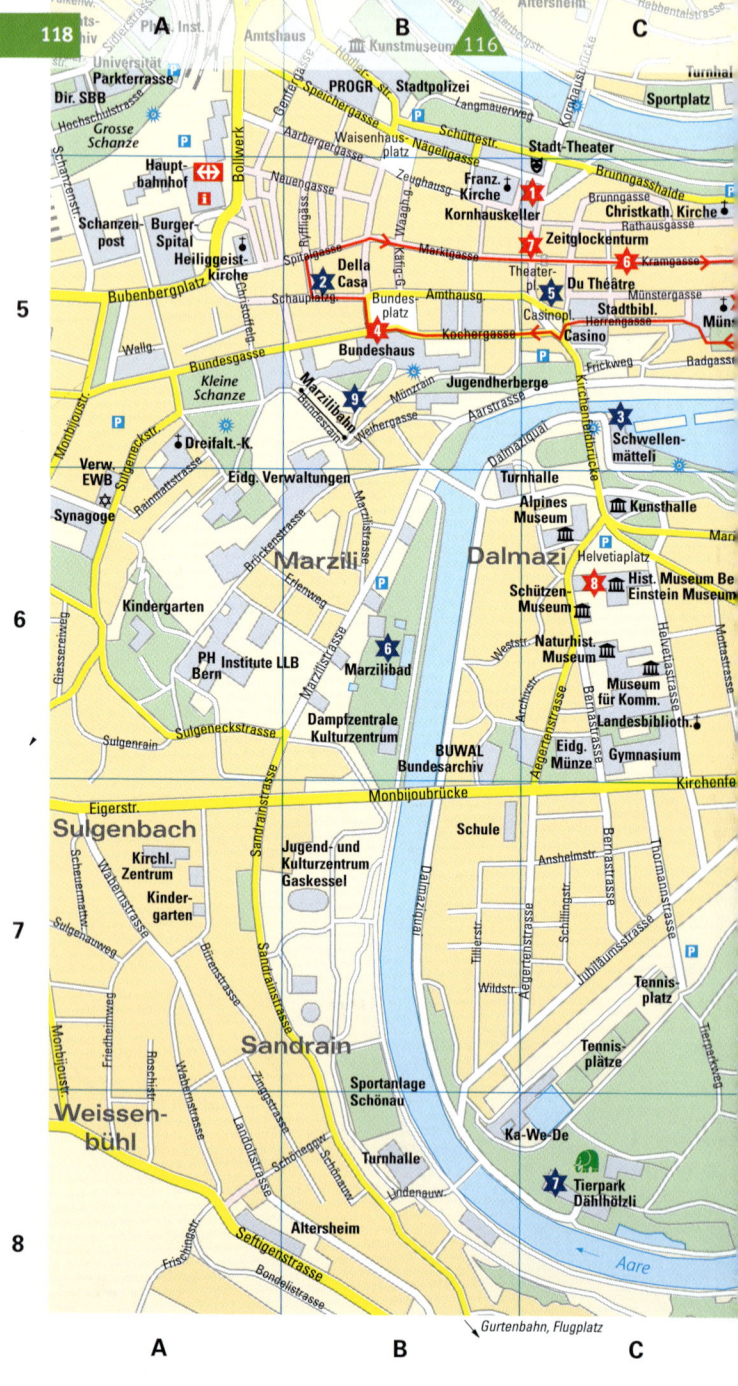

116

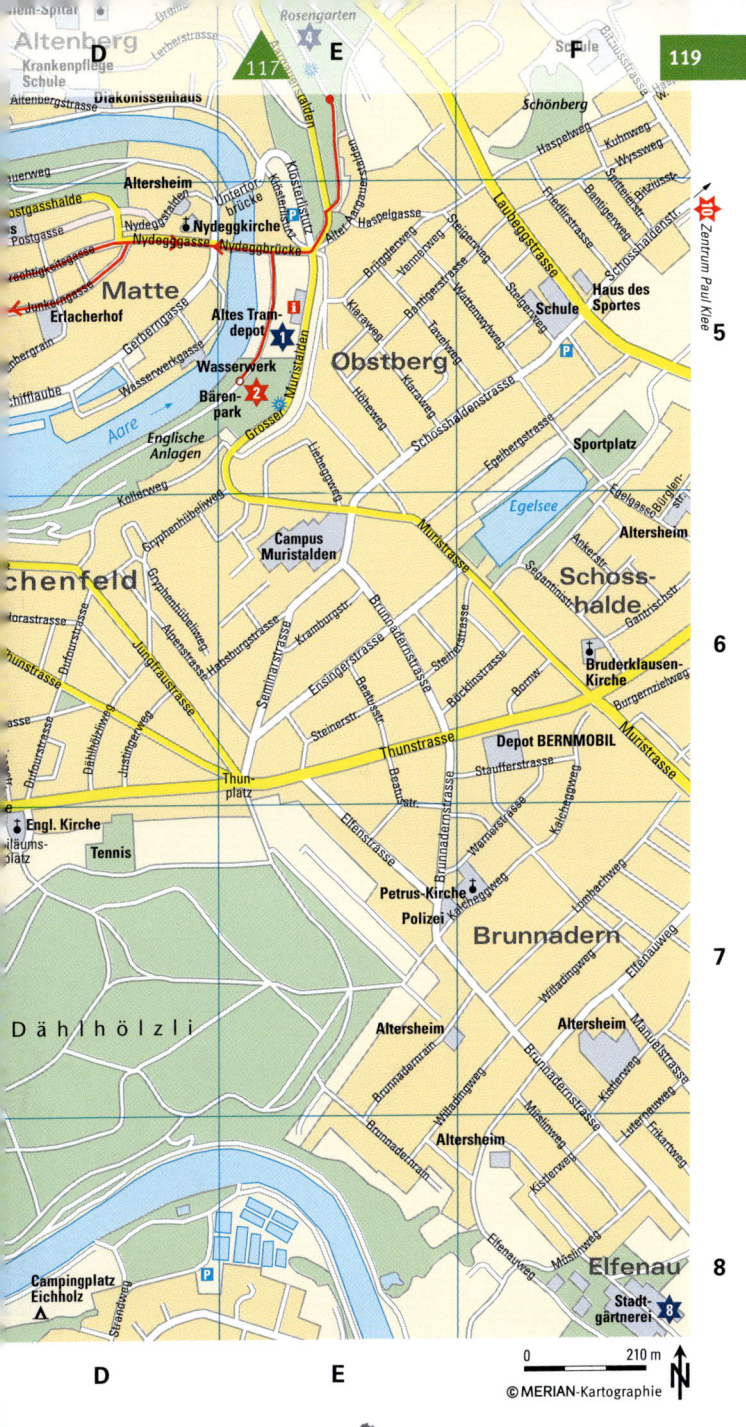

Altenberg
Krankenpflege Schule

D

117

E

Rosengarten

Schule

F

Diakonissenhaus

Altenbergstrasse

Schönberg

Haspelweg

Wyssweg

Kuhweg

Schottlenweg

Schosshaldenstr.

Altersheim

Nydegg

Nydeggkirche

Nydeggasse

Nydeggbrücke

Postgasshalde

Postgasse

rechtligkeitsgasse

Junkerngasse

Matte

Erlacherhof

Gerbermgasse

Wasserwerkgasse

Schifflaube

Aare

Englische Anlagen

Kollweg

Altes Tram-depot

Wasserwerk

Bärenpark

Grosser Muristalden

Untertor-brücke

Klösterlistutz

Kleinfeld

Gryphenhübeliweg

Gryphenhübeliweg

Morastrasse

hunstrasse

asse

Dittlingweg

Alpenstrasse

Dählhölzliweg

Justingerweg

Thun-platz

Engl. Kirche

iläumsplatz

Tennis

Dählhölzli

Campingplatz Eichholz

Strandweg

Campus Muristalden

Jungfraustrasse

Sennmatte

Kramburgstrasse

Habsburgstrasse

Bungardenstrasse

Ensingerstrasse

Steinerstr.

Steinerstr.

Beundenfeldstrasse

Beundenstr.

Thunstrasse

Stauffacherstrasse

Ellenstrasse

Brunnadernstrasse

Brunnadernstrasse

Brunnadernrain

Brunnadernweg

Brunnadernrain

Obstberg

Klaraweg

Klaraweg

Bringelzweg

Vennerweg

Bantigerweg

Steigerweg

Tavelweg

Wattenwylweg

Hoheweg

Liebeggweg

Schosshaldenstrasse

Muristrasse

Egelsee

Egelhertstrasse

Egelgassebürden-str.

Ankerstr.

Sennmattstr.

Gurtnischstr.

Borrw.

Bürgernzielweg

Burgernzielweg

Muristrasse

Depot BERNMOBIL

Werrenstrasse

Kalchackerweg

Kalchackerweg

Kalchackerweg

Petrus-Kirche

Polizei

Brunnadern

Altersheim

Witttadingweg

Witttadingweg

Wirtadingweg

Mistliweg

Altersheim

Kisterweg

Kisterweg

Altersheim

Mistliweg

Eifenauweg

Eifenauweg

Maulaelstrasse

Lismachweg

Kisterweg

Liebernauweg

Frikartweg

Mistliweg

Elfenau

Stadt-gärtnerei

10 Zentrum Paul Klee

Laubeggstrasse

Fischlistrasse

Haus des Sportes

Schule

Sportplatz

Altersheim

Schoss-halde

Bruderklausen-Kirche

5

6

7

8

0   210 m

© MERIAN-Kartographie

N

D

E

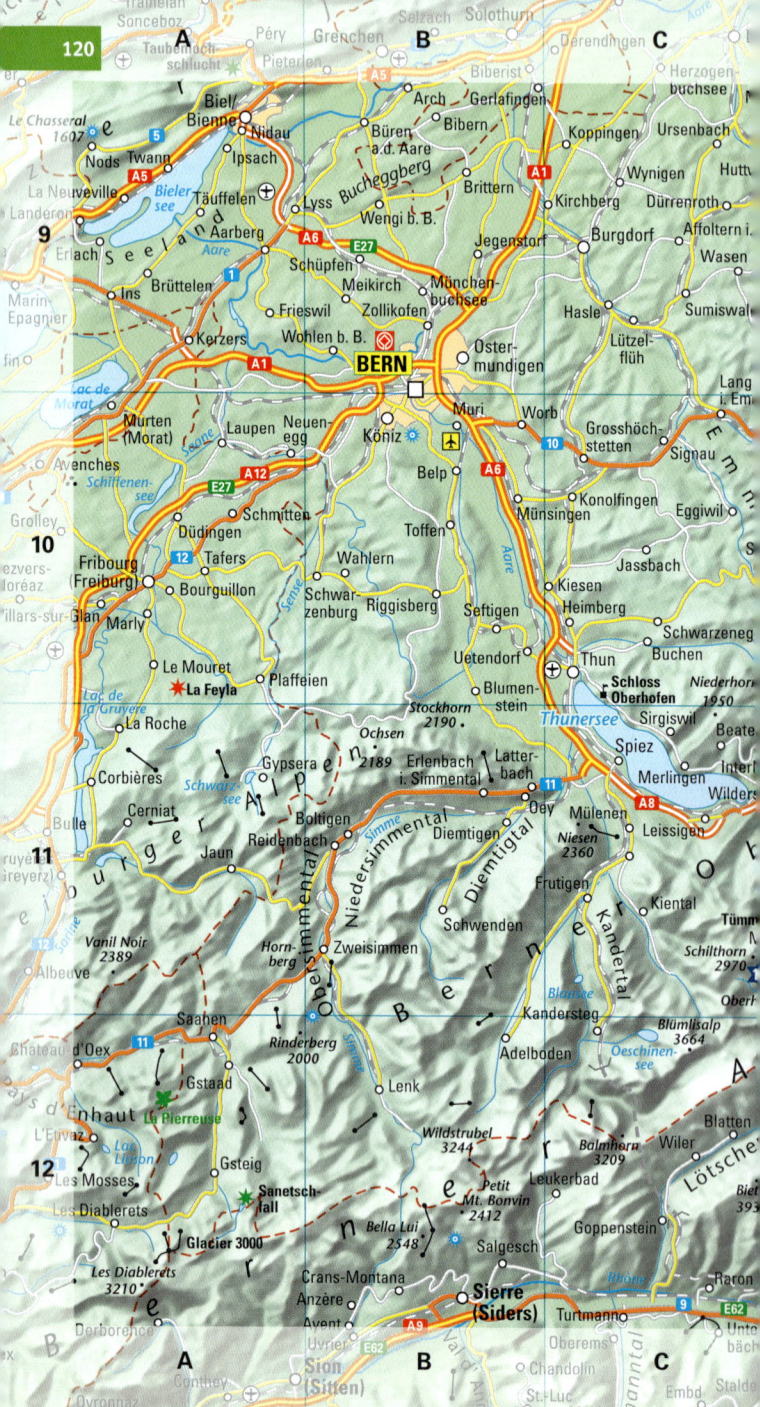

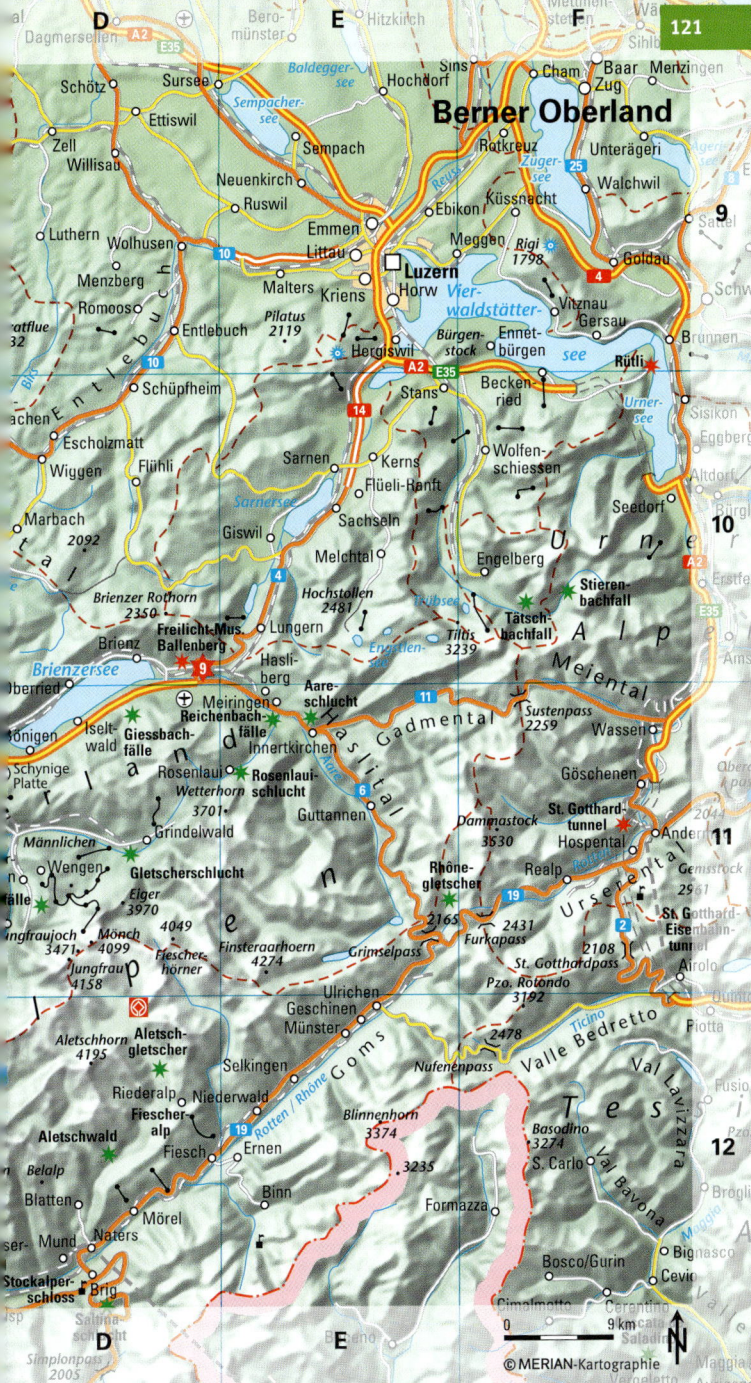

Berner Oberland

Dagmersellen
Schötz
Sursee
Ettiswil
Zell
Willisau
Luthern
Menzberg
Romoos
Entlebuch
Schüpfheim
Escholzmatt
Wiggen
Flühli
Marbach
2092
Brienzer Rothorn
2350
Freilicht-Mus.
Ballenberg
Brienz
Brienzersee
Oberried
Iseltwald
Giessbach-
fälle
Schynige
Platte
Männlichen
Wengen
Eiger
3970
Mönch
4099
Jungfraujoch
3471
Jungfrau
4158
Finsteraarhorn
4274
Fiescher-
hörner
Aletschhorn
4195
Aletsch-
gletscher
Aletschwald
Belalp
Blatten
Mund
Naters
Stockalper-
schloss
Brig
Simplonpass
2005

Beromünster
Neuenkirch
Ruswil
Emmen
Littau
Malters
Kriens
Pilatus
2119
Sarnen
Giswil
Sarnersee
Lungern
Hasli-
berg
Meiringen
Reichenbach-
fälle
Rosenlaui-
schlucht
Grindelwald
Gletscherschlucht
Rosenlaui
Wetterhorn
3701
Innertkirchen
Guttannen
Rhône-
gletscher
2165
Grimselpass
Geschinen
Münster
Ulrichen
Selkingen
Niederwald
Riederalp
Fiescher-
alp
Fiesch
Ernen
Mörel
Binn
3235
Formazza

Baldegger-
see
Sempacher-
see
Hochdorf
Sempach
Ebikon
Meggen
Luzern
Horw
Hergiswil
Stans
Kerns
Flüeli-Ranft
Sachseln
Melchtal
Hochstollen
2481
Titlis
3239
Engstlensee
Aare-
schlucht
Haslital
Gadmental
Sustenpass
2259
Dammastock
3530
Realp
19
Furkapass
2431
St. Gotthardpass
Pzo. Rotondo
3192
2478
Nufenenpass
Blinnenhorn
3374
Basodino
3274
S. Carlo
Val Bavona
Bosco/Gurin
Cimalmotto

Hitzkirch
Sins
Cham
Baar
Menzingen
Rotkreuz
Küssnacht
Rigi
1798
Goldau
Vitznau
Gersau
Ennet-
bürgen
Beckenried
Wolfen-
schiessen
Engelberg
Stierenbachfall
Tätsch-
bachfall
Meiental
Wassen
Göschenen
St. Gotthard-
tunnel
Hospental
Andermatt
Gemsstock
2961
St. Gotthard-
Eisenbahn-
tunnel
Airolo
Piotta
Val Lavizzara
Val Bavona
Bignasco
Cevio

Mettmen-
stetten
Zug
Unterägeri
Zuger-
see
Walchwil
Vierwaldstätter-
see
Bürgen-
stock
Rütli
Urner-
see
Seedorf
Urner
Alp
Urserental
2044
Gotthard
2108
Tessin
Broglio

Schynige
Iseltwald
Männlichen
Wengen

0   9 km
© MERIAN-Kartographie

A2
E35
10
14
A2
E35
4
9
11
6
19
2
25

Kartenregister

Orts- und Sachregister

Wird ein Begriff mehrfach aufgeführt, verweist die **fett** gedruckte Zahl auf die Hauptnennung, eine *kursive* Zahl auf ein Foto.
Abkürzungen:
Hotel [H]
Restaurant [R]